Le meilleur pour nos enfants ?

ISBN 978-2-7082-9525-4

www.editionsatelier.com

LOUISE TOURRET

Le meilleur pour nos enfants ?

éditions de l'atelier

Introduction

On choisit d'avoir des enfants. Ce choix responsabilise. Rien d'immuable cependant. Assumer et exercer sa responsabilité de parents s'entend et se comprend d'une manière qui évolue au fil du temps – et pas forcément pour le mieux à notre époque, tant les pressions sont fortes. D'autant que la famille est devenue une entité plus resserrée. Deux parents (parfois un seul) et un enfant font famille, l'entourage intervient moins. Alors qu'est-ce qui définit notre temps et notre rapport à l'éducation ? La sociologie scolaire pointe depuis au moins une trentaine d'années l'importance croissante, voire délirante, accordée aux diplômes et au niveau scolaire général. Un niveau qu'on finit par confondre avec la valeur des individus et qui aboutit à une surscolarisation de l'existence. Dans cette compétition interindividuelle, les liens s'abîment – pas seulement entre individus, mais aussi ceux entre parents et enfants, qui souffrent du poids de ces standards sociaux et scolaires. Car en tant que parents, nous sommes attentifs non seulement à la qualité des soins que nous prodiguons mais également à l'épanouissement de notre progéniture chérie, à la qualité de son développement, à la réalisation de son potentiel sportif, artistique, créatif. Face à ces questionnements, la marchandisation de l'éducation, au sens large, apparaît comme une façon de répondre de manière pragmatique. Elle semble aujourd'hui s'étendre à l'infini, des conseils sur les soins portés aux bébés au *coaching* pour triompher de Parcoursup. Et la pression continue de monter, appuyée par ceux-là mêmes qui prétendent aider les familles, en promouvant des normes toujours plus nombreuses, variées et effrayantes car mal faire, quand on a choisi d'être parent, devient une sacrée charge.

Au fil des chapitres de ce livre, je vais croiser plusieurs thèmes qui me sont apparus comme essentiels pour alimenter la réflexion collective. Penser ce qui nous arrive, c'est déjà chercher à résister à l'air du temps, s'émanciper de normes pesantes et chercher une parentalité non pas moins responsable mais plus libre et surtout moins soucieuse.

Le piège de l'individualisation du choix

Le piège consiste à vouloir devenir un individu qui doit montrer qu'il est différent et meilleur que les autres. Comme nous l'explique la sociologue Eva Illouz, à l'époque du néolibéralisme, toutes les compétences intimes du *moi* sont exploitées sur le marché. D'une certaine manière, le néolibéralisme met en compétition les parents et leur capacité à « performer » les normes éducatives. Parce qu'on éduque de plus en plus en pensant à des résultats mesurables, quantifiables pour bien se positionner sur un va-et-vient d'offre et de demande. Le néolibéralisme a introduit le vocabulaire économique dans le champ scolaire, et nous ne sommes plus que des agents condamnés à s'adapter davantage. De véritables *homo educatus* !

Isolement du parent contemporain

Le parent est aujourd'hui un individu surresponsabilisé, car il est seul comptable des choix éducatifs perçus comme cruciaux. La construction de la figure de la belle-mère perçue comme mauvaise conseillère et envahissante en dit long sur l'avènement du parent tout-puissant (de la mère) comme unique détentrice du savoir et du pouvoir sur l'enfant. Comme dans bien d'autres domaines, il s'agit d'adhérer à des normes qu'on considère comme « choisies ». Par exemple, porter son bébé de telle ou telle façon, adhérer au « cododo » ou non. Comme si nous devions voter pour tel ou tel parti alors que nous sommes inondés de conseils contradictoires.

Dans ce cadre, nous voudrions réfléchir à la logique toxique du « meilleur pour mon enfant ». Une fois qu'on a passé les vaccins, les visites médicales, le fait de dormir sur le dos (qui a réduit significativement les morts subites du nourrisson) et la présence affective nécessaire au développement, l'expression « le meilleur pour mon enfant » ne devrait même pas exister. Le meilleur, c'est ce qu'on peut faire en fonction de nos contraintes économiques, sociales, nos propres limites. Nos enfants ne sont pas des Tamagotchis qui répondent aux commandes, nous ne sommes pas des familles de Sims.

L'éducation comme projet : réussite de l'enfant et validation du parent

Ce qui se cache derrière ce *meilleur*, c'est toute la logique d'une société de la compétition interindividuelle. Pour l'accès aux études puis au travail. On a longtemps parlé de démocratisation des études supérieures mais depuis Parcoursup (symbolisant l'aboutissement d'un long processus de transformation de la forme scolaire), l'Université (avec un grand U, en général) sélectionne ses étudiants. Il faut écrire les meilleures lettres, avoir les dossiers les plus complets, effectuer les stages les plus « waouh » pour marquer les esprits. Faire la différence. C'est exactement ce que Luc Boltanski et Ève Chiapello appellent le « capitalisme par projet » [1] – le projet étant soi-même, et pour les parents, *l'éducation* perçue comme un projet qu'il faudrait réussir. En effet, nous sommes le produit de notre propre travail sur nous. La distinction entre vie privée et vie professionnelle s'efface. Nous sommes jugés sur ce que nous sommes et sur notre manière de mettre en valeur nos expériences. C'est à raison que Boltanski et Chiapello étudient des livres de management ou qu'Eva Illouz parle de l'amour et des applis de rencontres... L'éducation mêle nos caractéristiques familiales, sociales et scolaires. Un sujet 100 % intime et 100 % politique. Ce n'est donc pas étonnant que des entreprises se précipitent pour vendre des services éducatifs, des aides scolaires, ou des cursus d'études censés répondre de manière plus adéquate à ces problématiques.

Marchandisation de l'éducation

La tendance s'avère si lourde que ce livre ne suffira pas à décrire toutes les inventions qui incitent les parents à payer pour *mieux* éduquer. De même qu'un *babycook* n'est pas plus performant qu'une cocotte et un mixeur mais beaucoup plus attrayant, les crèches privées vendent plus cher des services en ajoutant beaucoup d'arguments marketing et les écoles privées ne font pas scolairement mieux que le public. Payer rassure. Cette

1. Luc Boltanski et Ève Chiapello, *Le Nouvel Esprit du capitalisme*, Paris, Gallimard, 1999.

logique est poussée si loin, et les services publics de l'enseignement supérieur sont si affaiblis que les parents et les étudiants sont de plus en plus nombreux à payer des dizaines de milliers d'euros pour des diplômes en carton.

Ce commerce tire parti des discours souvent très divers et incompréhensibles sur l'éducation – du berceau à bac + 5 –, sur les *bonnes* choses à faire, qui finissent par faire penser que pour être un *bon* parent, il faut être particulièrement informé sur chaque étape du développement de l'enfant, être concerné, et considérer la parentalité comme un travail. Les enfants, de leur côté, sentent cette pression et des psys alertent sur la saturation d'activités extrascolaires chez certains, comme s'il fallait faire toujours plus et que l'ennui était forcément une perte de temps.

Résultat : une fragilisation de toutes et tous et une insatisfaction qui monte. La crèche avec la belle devanture maltraite son personnel, l'école privée vire les *mauvais* élèves, et un « bachelor » n'est pas un vrai diplôme. Et même quand on échappe personnellement aux déconvenues, comment ne pas voir que les systèmes compétitifs fabriquent toujours plus de perdants que de gagnants et deviennent une véritable fabrique de la défiance ?

Si l'on éduque avec des objectifs si resserrés, où est la vie bonne ? La vie bonne, avec les enfants, qui se construit avec des principes mais aussi avec de la distance, avec la transmission de ce qui nous est propre et qui n'est pas mesurable. C'est de nous et de nos liens dont il faut prendre soin, les liens familiaux qui dépassent le cadre même de la famille. Des liens qui nous permettent de résister et nous libèrent des visions normatives, commerciales et stérilisantes de l'éducation. À travers ces pages, il sera question de ce qui éclaire et bouscule notre manière de penser l'éducation – dans son ancrage le plus personnel comme dans sa portée collective. Car éduquer, c'est aussi se laisser transformer, grandir aux côtés de nos enfants, et tracer avec eux, pas à pas, les chemins incertains mais essentiels d'une parentalité consciente, résistante et joyeuse.

CHAPITRE 1

Le meilleur pour nos enfants

L'éducation forme un objet intime, mais aussi social, culturel, politique. C'est là que se rejoue une grande part de ce que nous pensons être une « vie bonne » : un avenir désirable pour nos enfants, un lien qui a du sens, un effort qu'on consent avec espoir. Ce n'est pas un hasard si tant de contenus, de discours et de services se concentrent aujourd'hui sur les parents. Ils sont une cible idéale. Disponibles, vulnérables, motivés par l'amour et tenaillés par la peur de mal faire, ce fut également mon cas.

Je croyais que ce serait simple. J'avais un bébé, il fallait le faire dormir. Facile. Je l'ai bercé, je lui ai chanté des chansons. Et puis non. Ce n'était pas si simple. Ce n'est jamais simple. Rien ne l'est, quand on devient parent. J'ai commencé à lire, à découvrir des *méthodes*, à entendre les conseils et recommandations d'autres parents, à trouver des comptes d'influenceurs... Bref, je suis entrée dans un monde. Un monde où l'on ne dort pas. Où tout le monde a un avis. Où les théories s'affrontent et les émotions s'en mêlent. Ce n'est pas qu'une histoire de sommeil, c'est une histoire de confiance, de solitude et d'attente. D'espoir aussi. Et de doute, surtout.

Un enfant, ça change tout (même vous)

On le dit souvent : un enfant, ça change la vie. C'est vrai, mais pas seulement parce qu'on dort moins. Aussi parce qu'on devient quelqu'un d'autre. On découvre des zones de soi qu'on ignorait, en redevenant débutant. On ne sait pas. Ou plutôt, on croyait savoir, et soudain, on n'est plus sûr.

Alors on cherche, on s'informe, on lit. Et aujourd'hui, on tombe vite sur des comptes Instagram, des vidéos, des podcasts. Le marché de la parentalité est partout. Il ne se contente plus de vendre des poussettes ou des turbulettes. Il commercialise des conseils, des méthodes, du savoir-faire. Il promet de « redonner confiance », de « faire dormir les bébés », de « restaurer l'estime parentale ».

C'est un langage nouveau. Celui de l'optimisation, du progrès personnel, de la compétence. Comme si être parent, ça s'apprenait comme une langue étrangère. Comme s'il fallait tout désapprendre pour mieux réapprendre. On ne parle plus d'élever un enfant, mais de « l'accompagner dans son développement », de « l'aider à exprimer ses émotions », de « mettre en place un cadre sécure et bienveillant ».

Ce n'est pas que ce soit mal. Cela peut s'avérer utile ponctuellement. Mais ce langage change la façon dont on se perçoit. Il transforme les parents en stagiaires perpétuels. Et l'éducation devient un travail à temps plein – mais sans congés, sans pause, sans reconnaissance.

Surtout, ce discours donne l'impression qu'il y aurait une bonne manière de faire. Une méthode juste. Un bon parent. Alors que, dans les faits, personne n'est d'accord !

Le doute comme moteur (et comme *business*)

Car ce qui circule dans les livres, les podcasts, les vidéos, c'est un doute généralisé. Le sociologue Michel Vanderbroeck parle à ce sujet d'une « incompétence acquise » : à force d'être exposés à des conseils, parfois contradictoires, les parents en viennent à croire qu'ils ne savent pas faire, qu'ils ne sauront jamais sans être « accompagnés »[2]. Ce doute devient un fond sonore permanent. Chaque erreur est un potentiel traumatisme pour l'enfant. Chaque hésitation, un danger.

J'ai lu un livre qui disait qu'il ne fallait jamais laisser pleurer un bébé : cela libère du cortisol, l'hormone du stress, et peut nuire durablement à son développement. Et puis un autre qui affirmait l'inverse : que les enfants ont besoin d'un cadre ferme, qu'il fallait *les habituer*. Comment savoir ? Qui croire ? Les discours ne cessent de se contredire, et pourtant, chacun affirme être fondé sur « les dernières découvertes en neurosciences ».

Vanderbroeck pointe aussi l'émergence d'une industrie de soutien à la parentalité, appuyée sur des interprétations variables de ces données scientifiques. Ce soutien est rarement gratuit. Le coaching parental se professionnalise. Si l'on en croit *Le Parisien* et sa fiche métier, il s'agit désormais d'une profession à part entière, sans diplôme requis, mais avec des qualités recommandées : écoute, bienveillance, analyse. Et une bonne capacité à vendre de la certitude à des parents perdus.

À qui profite le doute ? Peut-être à tous ceux qui ont un produit à vendre pour y répondre.

---

2. Michel Vanderbroeck, *Être parent dans notre monde néolibéral*, Toulouse, Érès, coll. « 1001BB », n° 189, 2024.

Ce que l'enfant fait à nos vies : altérité et transformation

Les discours sur la parentalité, qu'ils proviennent de livres, d'émissions ou de plateformes, disent peu de cette expérience centrale : avoir un enfant, c'est être mis face à un autre radicalement *autre*. Ce n'est pas un petit soi, un prolongement, un projet éducatif. Mais une énigme, un être imprévisible, opaque, parfois insaisissable. La majorité des contenus actuels sur la parentalité évoque l'étrangeté des bébés (leurs pleurs, leur sommeil chaotique, leur imprévisibilité), mais peu s'attachent à ce que cette altérité produit en nous.

Or, ce que l'enfant fait à l'adulte, ce n'est pas simplement l'angoisser ou le fatiguer. Il le transforme. Être parent plonge dans une mise à l'épreuve de soi. C'est être obligé de se décaler, de ne plus être au centre de sa propre vie – pour le meilleur aussi ! – de vivre dans une temporalité fragmentée, traversée d'émotions puissantes. On n'est pas parent à côté de ce qu'on est : on devient autre.

Cette expérience est à la fois triviale et philosophique. Elle remet en question nos conceptions de la liberté, de la réussite, du soin, du temps. Elle déplace les frontières du politique, du personnel. Pour certaines femmes, cette transformation est aussi une prise de conscience féministe : face à la charge mentale, aux attentes implicites, à la distribution inégale du soin, la maternité rend visible l'invisible. Elle politise.

Et pourtant, ce bouleversement intime, qui ne se vend ni ne se modélise, reste absent des récits dominants. Dans les podcasts, les manuels, les reportages, on parle de « *réussir* sa parentalité », mais rarement de ce que cette parentalité fait de nous. Elle est pensée comme un processus de mise en œuvre de bonnes pratiques, pas comme une traversée existentielle.

C'est là que la littérature nous aide, parfois bien plus que les manuels. Un livre récent m'a marquée : *Bien-être* de Nathan Hill[3]. Ce n'est pas une méthode éducative qui est au centre du roman, mais la logique du doute et de la performance qui ronge les parents. Le personnage d'Elizabeth, mère d'un petit garçon, incarne cette figure d'adulte surinformée, piégée dans un maelström de prescriptions scientifiques, nutritionnelles, pédagogiques.

Elle ne veut pas forcer son enfant à manger des légumes, elle mange donc la même chose que lui : car il est prouvé que cela favorise l'imitation. Elle tente de stimuler son autodiscipline, en reproduisant l'« expérience du marshmallow[4] » – cette étude qui promettait la réussite à ceux qui savaient différer la gratification. Chaque situation du quotidien devient un test comportemental. Une scène de repas se transforme en protocole expérimental.

Tout s'oriente pour la réussite future de l'enfant – et vers la réussite actuelle du parent dans sa capacité à mettre en œuvre la bonne réponse. Il ne s'agit plus de nourrir un lien, mais de produire un résultat.

Le roman est traversé par une ironie douloureuse : plus Elizabeth tente d'être une bonne mère, plus elle s'éloigne de ce qui pourrait la rapprocher de son enfant. Le doute est partout. L'épuisement aussi. Ce n'est pas l'amour qui est en cause, mais le cadre dans lequel on essaie de le traduire. Et *Bien-être* le montre bien : ce cadre est façonné par des attentes contradictoires, des données scientifiques surinterprétées, des normes invisibles. Il est

3. Nathan Hill, *Bien-être*, Paris, Gallimard, coll. « Du monde entier », 2024.

4. Guillemette Faure, « Le quiproquo du "marshmallow test" », *Le Monde*, 16 décembre 2014.

alimenté par des industries qui transforment chaque vulnérabilité en opportunité de marché. C'est exactement ce que pointe Michel Vanderbroeck quand il décrit l'« industrie de soutien à la parentalité », alimentée par des injonctions à s'améliorer, à optimiser, à corriger [5].

Elizabeth n'a pas besoin d'un coaching parental. Elle a besoin de temps, de repos, d'espace pour douter sans honte, pour expérimenter sans modèle. Comme nous tous. C'est peut-être cela, au fond, le cœur de la relation parentale : un espace sans solution clé en main, sans perfection, mais avec la possibilité de se rencontrer, vraiment.

Résister à la normalisation

En France, on adore le conseil éducatif. Et on aime les débats d'experts. Il y a les partisans de la bienveillance – Catherine Gueguen, Isabelle Filliozat – qui nous apprennent à « ne plus dire non mais stop » [6]. Et il y a ceux qui appellent à la fermeté, comme Caroline Goldman ou Didier Pleux qui se dit même « contre l'éducation bienveillante » [7].

Le résultat ? Un marché saturé de prescriptions. Des livres sur la parentalité scandinave, sur les enfants TDAH [8], sur les enfants HPI [9]. Des chroniques radio, des vidéos TikTok. Et

5. Michel Vanderbroeck, *op. cit.*

6. Isabelle Filliozat, *J'ai tout essayé. Opposition, pleurs et crises de rage : traverser la période de 1 à 5 ans*, Vanves, Marabout, 2011.

7. Didier Pleux, *L'Éducation bienveillante, ça suffit !*, Paris, Odile Jacob, 2023.

8. Trouble déficit de l'attention avec ou sans hyperactivité.

9. Haut potentiel intellectuel.

des algorithmes qui vous montrent cela sur tous vos réseaux dès que vous avez un enfant. Je suis fascinée – et parfois désespérée – par ces mères américaines qui se lèvent à 5 heures du matin pour faire leur pain, du sport et leur brushing. Ou par ces vidéos de mères *tradwives* qui font leur fromage tout en berçant leur nourrisson. Il y a aussi des parodies hilarantes : les mères des années 1980 fumaient tranquillement, celles des années 2020 demandent à leur enfant s'il est « trop stimulé ».

Ce qui m'inquiète, ce n'est pas tant la diversité des approches mais la manière dont elles finissent par produire une norme unique. Il faudrait être à la fois souple et structuré, doux et ferme, attentif et détaché. Le parent idéal est un fantasme. Il est aussi un client parfait.

Mais on peut résister. En se souvenant que la parentalité n'est pas une performance. Que ce n'est pas un métier. Que le lien avec un enfant n'est ni mesurable, ni modélisable. Qu'il demande de la présence, du temps, du doute, du soin, de la liberté.

CHAPITRE 2

Épidémie de solitude

Il n'y a pas de société, il n'y a que des individus.
Margaret Thatcher

Il faut tout un village pour élever une enfant.
Proverbe sénégalais

Qui brûle ?

L'éducation nous met en tension – cela ressort de toutes parts. Les normes dont on parlait dans le chapitre précédent nous agitent et nous fatiguent.

L'expression « projet parental », par exemple, fait passer la famille pour une petite PME et implique de *gérer* l'éducation, l'enfant, l'enfance. Le fait même que le mot *gérer* ait investi la sphère intime en dit long. Si je vois plutôt la vie de famille comme une aventure, une quête, pleine de rebondissements, cette idée de *gérer* est au centre de mes journées. Les embûches sont nombreuses : les horaires compliqués, les aléas du quotidien et ses tâches répétitives, le manque de sommeil et de temps de qualité.

Les récits de craquages parentaux ont permis de mettre au jour le phénomène du « burn-out » parental. Des documentaires sont sortis sur le regret d'être mère. La dépression *post-partum* est aujourd'hui beaucoup plus reconnue, là aussi éclairée par des témoignages qui permettent de comprendre comment on décroche ou comment on n'accroche pas avec la maternité. On aime les histoires à la première personne, même quand elles tournent mal. J'y vois parfois une curiosité paradoxale et une manière de se rassurer – nous ne sommes pas les seules à éprouver des difficultés, et souvent, c'est pire ailleurs. Mais les causes ne sont pas seulement individuelles !

Que se passe-t-il pour que la parentalité devienne un enfer pour certains et surtout certaines ? C'est bien un problème d'organisation. Sûrement pas celle que les mères ou les familles arrivent à mettre en place, mais l'organisation collective. Selon le sociologue Romain Delès, le « pessimisme parental » apparaît comme une spécialité française [10]. En effet, notre pays est au milieu du gué : le partage des tâches domestiques et éducatives n'y est pas réalisé (selon l'Insee, trois quarts de ce travail, et surtout la partie domestique, est assuré par les mères [11]), les femmes y subissent fortement la double journée mais le taux de natalité n'a pas baissé chez nous comme en Italie, en Allemagne et en Espagne. Enfin, le monde du travail ne s'est pas adapté aux horaires des parents comme en Suède où aller chercher son bambin dans l'après-midi apparaît comme tout à fait normal pour les parents des deux genres.

Aujourd'hui donc le burn-out concernerait 5 % à 10 % des parents, lis-je parfois. Je doute qu'on ait des chiffres clairs mais j'ai été fort surprise d'apprendre qu'il faisait l'objet de recherches universitaires, à tel point qu'un sommet mondial sur le sujet a été

10. Romain Delès, « Les parents français sont les champions d'Europe du pessimisme parental », *Le Monde*, 5 avril 2025. Propos recueillis par Anne Chemin.

11. Cécile Brousse, « Travail professionnel, tâches domestiques, temps "libre" : quelques déterminants sociaux de la vie quotidienne », INSEE, 2015.

organisé à Lisbonne en septembre 2024. Un laboratoire de l'université de Louvain-la-Neuve, en Belgique, s'est spécialisé sur le sujet. Voici comment il décrit le phénomène :

> « Les changements sociologiques importants survenus au cours des dernières décennies ont encore accru la pression exercée sur les parents. Il a récemment été confirmé que, tout comme l'exposition durable à un stress professionnel excessif peut conduire à l'épuisement professionnel, l'exposition durable à un stress parental excessif peut conduire à l'épuisement parental. [12] »

Il s'agit de « changements sociologiques » (comme la multiplication des normes, la hausse des standards qui provoquent le stress et la pression) qui mènent au burn-out. L'*incompétence* des parents n'est pas un sujet...

Malgré cela, on voit fleurir des guides, des contenus vidéo proposant d'y répondre et même de le prévenir [13]. Individuellement. S'est peu à peu banalisée l'idée que la souffrance individuelle provenait d'une *mauvaise* manière de se comporter, d'agir, d'interagir. Comme nous voulons nous améliorer (avoir des enfants, c'est notre *projet*), ce désir, bientôt transformé en exigence de *bien faire*, contribue à faire vivre un vrai marché – sa frange la plus aboutie étant à mes yeux le *coaching parental*. Des conseils payants sont proposés pour des tas de domaines de la vie quotidienne (la routine du soir, l'organisation des anniversaires), parfois de manière un peu surprenante. Prospérant sur un manque de repères, le « *parenting* » est

---

12. Voir le site de l'UCLouvain.
13. Moïra Mikolajczak et Isabelle Roskam, *Le Burn-out parental. L'éviter et s'en sortir*, Paris, Odile Jacob, 2020.

partout, comme une avalanche de conseils et de discours sur le sujet, de TikTok au quotidien *Le Monde* en passant par Arte. Cette prolifération alimente le déficit de confiance en soi – j'écoute en ce moment même une émission sur une radio de service public (France Inter pour ne pas la nommer, émission *Grand bien vous fasse* : « Comment aider les parents débordés ? »[14]). Le propos se veut rassurant : il faut faire appel à son *bon sens* et en même temps il est totalement impossible de comprendre ce que ce bon sens recouvre (il y a cinquante ans, le *bon* sens n'excluait pas de frapper ses enfants). Une fois de plus, les causes « externes » se trouvent éludées et les auditeurs et lecteurs se sentent peut-être moins seuls mais pas vraiment rassurés.

Le coaching

Face à cette inflation de normes, des parents inquiets se demandent comment s'améliorer. Et c'est un marché du conseil parental qui lui, se porte bien. Avec tout un tas de livres de conseils et autres manuels, et, un cran au-dessus, les *coachs*. Un métier qui s'est bien installé dans le monde du travail.

Voici la définition que donne Wikipédia du coaching. Je la trouve parfaite :

> « Le coaching est une méthode d'accompagnement personnalisé destinée à améliorer les compétences et la performance d'un individu, d'un groupe ou d'une organisation, grâce à

14. « Comment aider les parents débordés ? », *France Inter*, « Grand bien vous fasse », 5 mars 2025.

l'amélioration des connaissances, l'optimisation des processus et des méthodes d'organisation et de contrôle. Il s'est développé à l'origine dans le milieu du sport (le coach pouvant être entraîneur ou compléter celui-ci pour un encouragement plus axé sur la psychologie), mais son usage a dépassé ce contexte à partir de la fin du XXe siècle pour apparaître dans le milieu de l'entreprise, puis celui du développement personnel de manière moins cadrée et souvent contestée. Il est aujourd'hui présent dans de nombreux domaines de la vie, professionnel, nutritionnel, parental, scolaire, etc. »

J'ai beau savoir que cela existe, le jour où Maria et Guillaume* m'ont parlé de la coach qui leur a permis, en quelques séances, de mieux gérer les conflits avec leur fille de 5 ans, j'ai halluciné. *Vous avez payé quelqu'un ?* « Oui », me répondent-ils, « c'est un peu comme un psy, tu fais plusieurs rendez-vous, la coach t'écoute, analyse la situation et te donne des conseils ! C'est formidable. Tu veux ses coordonnées ? »

Au fil de la discussion, je comprends qu'ils ont sorti leur carte de crédit pour qu'on les aide à devenir les parents qu'ils aimeraient être. Plus à l'aise avec l'autorité ; sachant se faire obéir. Les méthodes de la coach ne paraissent pas révolutionnaires. Telle une psy, elle écoute ce couple et les aide à formuler ce qu'ils attendent. Elle les soutient afin qu'ils se sentent plus assurés quand ils demandent quelque chose à leur fille. Ça peut fonctionner. Mais après tout, les placebos fonctionnent aussi. Je vois à travers cette démarche à la fois de l'incompétence acquise mais aussi une certaine idée de ce qu'est une éducation *efficace*. À quel moment considère-t-on qu'un enfant n'obéissant pas au doigt et à l'œil – ou comme on aimerait – c'est anormal ?

Si Maria et Guillaume ont trouvé leur coach grâce au bouche-à-oreille, les offres pullulent sur internet. Le journal *Le Parisien* propose même une fiche métier ! En voguant sur les sites que me propose Google, je constate que le coaching parental offre de l'aide pour un peu toutes les situations, pour toutes les étapes *du développement de l'enfant.* Ce qui est à peu près le sens du mot grandir. Encore et toujours, vous ne saurez pas faire et on va vous accompagner... Moyennant finance.

Élever un enfant, ce n'est pas un travail

On éduque en fonction de sa propre histoire, de sa personnalité, de ses convictions... et de ses possibilités matérielles et psychiques. Être parent ne revient pas à faire du jardinage (et même, il y a plein de façons de jardiner !), il s'agit d'une relation. Comment dès lors penser que des recettes, trucs et astuces valent pour tous et toutes dans la gestion d'une relation ? Et comment penser que le coaching éducatif est une science objective ? Pourquoi ne pas plutôt interroger les conditions matérielles de nos vies de parent : le temps dont on dispose le soir, le stress ressenti au boulot, les soucis qui planent au-dessus de nos têtes.

L'éducation c'est culturel, philosophique, intime et politique encore et toujours. Je n'ai pas de recette à vendre ici. Sait-on ce qui meut nos relations ? L'amour, le désir de bien faire, de corriger sa propre éducation, la recherche de la réussite. On peut ne pas toujours le comprendre mais ce n'est pas une raison pour se dévaloriser, en tant que parent. Cette dévalorisation est pourtant présente dans les mille conseils déversés à longueur de livres, médias et réseaux sociaux. Elle sape nos efforts.

Gérard Neyrand, qui dirige la collection 1 001 BB chez Érès, répondait à une interview sur le site de France Culture, en 2024, à propos du *business de la parentalité :*

> « Tout un ensemble de discours va accompagner cette montée en puissance de la parentalité et ces discours s'accompagnent d'un ensemble de dispositifs marchands notamment avec le coaching parental, la parentalité positive, etc. Et ces discours vont parfois mettre en avant un discours surresponsabilisant parce qu'il est centré uniquement sur les individus. »[15]

Pour Neyrand, et nous sommes quelques-uns à le penser, cette « surresponsabilisation » des parents est toxique d'abord pour les parents eux-mêmes, mais aussi pour les enfants. Elle nourrit un business infini, dont le coaching n'est qu'un exemple. Et dans cette multitude de contenus, même les plus sympathiques nous renvoient à notre responsabilité propre, car la plupart du temps vous les consultez seul. Comme si tous les parents vivaient dans le même genre de conditions économiques et sociales et que ces conditions étaient sans conséquences. Peut-on donner les mêmes conseils aux mères précaires qui vivent des logements inadaptés et aux familles aisées ?

L'éducation, en devenant anxiogène, nous paralyse et nous rend incapables de penser des solutions communes pour répondre aux problèmes qu'elle pose. Et plus nous sommes anxieux, moins nous arrivons à réfléchir au-delà de nous-mêmes.

Voilà ce que je propose : des ateliers en auto-défense contre le *bullshit* éducatif. Des moments qui nous permettraient de penser, de questionner les structures qui pèsent sur nous et

15. Elsa Mourgues, « Comment la parentalité est-elle devenue un tel business ? », *France Culture*, 2024.

nous individualisent, d'analyser les discours sur l'éducation. On pourrait, gratuitement, toutes et tous échanger sur nos expériences sans pression pour s'encourager à ignorer ces injonctions permanentes à la réussite ou à la « normalité ».

CHAPITRE 3

La privatisation de la petite enfance : une crise organisée

Qui va s'occuper des bébés ?

Est-ce parce que j'écris ce livre que je vois des crèches partout ? Dans mon arrondissement, dans tout Paris, dans d'autres grandes villes où je passe. Il y en a même deux dans ma rue ! Aucune hallucination de ma part, le secteur connaît une croissance à deux chiffres depuis le début des années 2000. En ce moment, la natalité se porte bien et les besoins en places en crèche s'accroissent. Le manque de places est énorme : moins de 10 % des enfants ont accès à un mode de garde collectif.

Que nous raconte l'essor des crèches privées ? Ces structures répondent-elles mieux aux besoins des enfants et des parents ?

En 2004, le choix est fait de lever le monopole public sur la garde collective pour la petite enfance. Les premières crèches privées sont des crèches d'entreprises, afin de faciliter la vie des salariées. Des crèches parentales, associatives apparaîtront ensuite. Ce sont certes des structures privées mais qui fonctionnent avec de l'argent public puisque la garde d'enfant est en fait payée par le « complément du libre choix du mode de garde » et le crédit d'impôt famille. Cela représente 80 % du coût d'une place. (Au fil des années, le taux d'encadrement va aussi être modifié.) De plus, grâce à une directive européenne, ces crèches vont obtenir le droit de répondre à des appels d'offres des collectivités locales.

Ouvrir des crèches coûte cher aux communes et il faut faire du chiffre. Un objectif européen visant à ce que 33 % des enfants âgés de moins de 3 ans soient en garde collective a été fixé en 2002. La crèche est perçue comme un outil pour l'égalité entre les parents mais aussi comme une structure bénéficiant au développement de l'enfant. Au fil de mes lectures de journaliste éducation revient le fait que les crèches accueillent des enfants de CSP + plus favorisés que la moyenne.

Portées par la demande et l'argent public, de grandes entreprises vont donc dominer le marché. Je vous les donne dans l'ordre décroissant de taille : Babilou, Grandir/Les Petits Chaperons Rouges, La Maison Bleue et People and Baby.

Au fil du développement de ces groupes, on a vu fleurir des micro-crèches comme celles de ma rue. Leurs façades colorées, ornées de photos de bébés souriants et de slogan « promesses de bien-être » les font ressembler à des boutiques de puériculture. J'ai essayé un été, faute de place ailleurs. L'espace était vaste, mais manquait de séparations, tous les bébés et les adultes passaient la journée dans une pièce unique ; les fenêtres, placées trop haut, empêchaient les enfants d'avoir une vue sur l'extérieur. Ces derniers n'y sortaient jamais tout en n'ayant pas accès à une cour, ni à une salle pour jouer, ni à un coin calme pour se reposer. Le prix, malgré les aides financières disponibles (qui demandent une petite ingénierie administrative aux parents), restait élevé. Ce que j'ignorais alors c'est à quel point les transformations du secteur allaient dégrader l'accueil des bébés en France.

Pas moins de trois grandes enquêtes ont été publiées sur le sujet : *Les Ogres* de Victor Castanet, en septembre 2024, spécifiquement sur le groupe People and Baby, « le mouton noir du secteur », *Le Prix du Berceau* de Daphné Gastaldi et Mathieu Périsse (2023), et *Babyzness. Crèches privées : l'enquête inédite,* de Bérengère Lepetit et Elsa Marnette, également en 2023.

Il faut dire qu'en 2022, une petite fille de 11 mois a été tuée par une auxiliaire de puériculture à Lyon – l'enquête montrera que la femme avait été renvoyée d'une autre structure au bout de cinq jours. Elle était seule avec l'enfant tout en ayant la charge du ménage et de l'accueil des autres qui arrivaient. Ce fait divers glaçant a alerté les parents et les journalistes, racontant quelque chose que les enquêtes démontrent. Toutes expliquent les dérives liées à la recherche de performances économiques : rationnement des couches et de la nourriture, sous-encadrement, agressivité de l'encadrement, dissimulations aux familles. Ce qui signifie que nous payons collectivement (grâce aux financements publics) pour faire exister des structures où les enfants sont potentiellement malmenés, affamés et sales. À ceci s'ajoute logiquement un énorme *turn-over* de personnel épuisé de travailler dans de mauvaises conditions. Le décret de début 2025 pour instituer des quotas de personnel qualifié (40 %) aura mobilisé les acteurs du privé. En attendant le mal est fait.

L'enfant à but lucratif

On peut pointer des dysfonctionnements d'un groupe plutôt que d'un autre. Mais toute la logique doit être interrogée. Le modèle des crèches privées repose sur la rentabilité qui transforme les enfants en *intrants*. Avec cette approche, le soin de l'enfant peut toujours être optimisé et les objectifs pédagogiques et de bien-être sont secondaires par rapport à l'impératif de minimiser l'utilisation des ressources (les couches et les petits pots) pour maximiser les rendements.

Victor Castanet décrit une gestion logistique, où chaque enfant est une « unité » à rentabiliser[16]. L'optimisation des espaces et des ratios enfants/éducateurs est la priorité. Les enfants deviennent ainsi des *consommateurs passifs*, attendus pour remplir les places disponibles, générer des revenus et valider l'efficacité d'une offre éducative qui n'est, en réalité, qu'une façade commerciale. Les crèches privées sont conçues pour séduire les parents avec un discours rassurant : un environnement sécurisé, une pédagogie innovante, des professionnels compétents. Mais derrière les slogans et la communication marketing, les crèches privées sont souvent organisées autour de la rentabilité.

Les enquêtes montrent que les promesses faites aux parents d'un accueil bienveillant et d'un accompagnement individualisé sont démenties par la réalité. Les parents voient bien que l'absence d'espaces adaptés à l'épanouissement de l'enfant, la privation d'activités extérieures, ainsi que la surcharge de travail pour le personnel, nuisent au développement moteur, cognitif et émotionnel de leur tout-petit. Mais il n'y a plus d'alternative, pas de place en crèche publique. Exactement comme pour l'enseignement supérieur à but lucratif, qui ne paie vraiment rien pour attendre.

16. Victor Castanet, *Les Ogres*, Paris, Flammarion, 2024.

Le parent comme client : entre promesses et mensonges

Dans ce système de marchandisation de l'éducation, le parent est devenu un *client* qui « achète » un service éducatif pour son enfant. Ce changement de perspective transforme la relation parent-éducation en une transaction, où le bien-être et le développement de l'enfant deviennent secondaires par rapport aux attentes du *parent-consommateur*.

Ces derniers, pris dans ce système, se retrouvent face à des promesses non tenues comme souvent dans la société du service. Le « service premium » qu'ils croient acheter ne correspond pas toujours à la réalité du terrain. Les tarifs élevés (1 000 à 1 200 euros par mois avant les aides) sont souvent présentés comme un gage de qualité, mais ils ne garantissent pas une prise en charge adéquate des enfants. Qu'importe, on a transformé les familles en clients, elles pourront le redevenir à tous les âges de leur vie et subiront le marketing des entrepreneurs pour qui l'éducation est un marché. L'organisation de ces crèches privées s'appuie sur une *raison instrumentale*, concept développé par Max Weber, où l'objectif est avant tout l'efficacité et la performance. Ce mode de gestion fait passer la rentabilité avant la qualité des relations éducatives. Le personnel est géré comme un instrument pour atteindre des objectifs financiers, plutôt que comme un acteur du développement personnel des enfants. Les valeurs humaines, telles que l'empathie, l'attention ou la relation de confiance, sont évincées au profit d'un calcul strict de rentabilité.

Dans ce contexte, les enfants sont réduits à des *produits* dont le développement social, affectif et éducatif est calculé en fonction de critères mesurables. L'interaction humaine, essentielle au développement, devient secondaire et l'enfant devient un *consommateur* devant répondre aux attentes des parents et à la pression du système éducatif.

Le manque de contrôle et la responsabilité sociale

Un autre problème majeur des crèches privées réside dans leur manque de régulation. Bien que soumises à des contrôles, ces structures échappent souvent à un suivi rigoureux. Les inspections sont trop rares et les sanctions trop légères pour garantir un véritable contrôle de qualité. Cette absence de régulation permet aux crèches privées de continuer à fonctionner malgré des pratiques dégradées, en dépit des alertes des parents ou des professionnels. Pire, Aurore Bergé a même été visée pour par une information judiciaire pour faux témoignage. « La ministre déléguée chargée de l'Égalité entre les femmes et les hommes avait récusé, devant une commission d'enquête parlementaire en avril 2024, tout lien personnel avec une lobbyiste du secteur. » nous apprend *Le Monde* en janvier 2024 [17].

Ce système de contrôle déficient renforce l'asymétrie entre les attentes des parents, souvent rassurés par la communication soignée de ces crèches, et la réalité des conditions d'accueil. En dépit des dérives, la pression financière pousse ces crèches à maintenir des niveaux de rentabilité élevés, au détriment des besoins fondamentaux des enfants. Les parents, pris dans ce système, sont souvent incapables de dénoncer ces dysfonctionnements, par peur de représailles ou de menaces juridiques de la part des entreprises, comme l'expliquent les

17. *Le Monde* avec AFP, « Crèches privées : Aurore Bergé visée par une information judiciaire pour faux témoignage », 31 janvier 2025.

enquêtes citées et particulièrement celle de Victor Castanet dans *Les Ogres*.

On aura compris que commencer sur ce pied dès la toute petite enfance peut avoir des conséquences sur le développement des enfants. Et c'est aussi la relation de confiance entre les parents et les institutions éducatives qui s'en trouve abîmée. Notre perception de l'éducation est associée à celle d'une menace : il existe en France des endroits financés par l'État dont le but est de faire de l'argent sur le dos des bébés. Lorsque je dis « notre », j'inclus également les responsables politiques, dont les réactions restent trop timides et trop rares ; les journalistes, qui, après la publication de livres chocs, cessent d'interroger leurs invités sur le sujet ; les élus locaux, prompts à éluder la question pour éviter d'engager des dépenses. Il y a une dégradation profonde – semblable à celle que l'on observe dans les secteurs de la santé ou de la justice, où les moyens font cruellement défaut – d'un lien essentiel, d'une confiance fondamentale : celle de la protection que la société se doit d'offrir à chacun d'entre nous et en particulier aux enfants. D'après l'Organisation mondiale de la santé et tous les spécialistes de la petite enfance, les premières années de la vie sont essentielles pour la construction des compétences sociales et émotionnelles des enfants. Pourquoi proposer de fausses « bonnes solutions » de garde ?

CHAPITRE 4

L’école privée

Pourquoi les riches délaissent-ils l'école publique ? Pour éviter les pauvres, entend-on dire. Aussi parce que le niveau du privé leur semble meilleur, que les absences non remplacées les effraient alors que le privé aussi manque d'enseignants. Et même si les établissements privés pratiquent une sélection à l'entrée qui fausse la comparaison, ils donnent souvent l'impression de mieux prendre soin des élèves.

Parce qu'elle est devenue un outil pour éviter l'école publique, l'école privée, qu'elle le veuille ou non, participe pleinement à la néolibéralisation du système éducatif. Elle met en œuvre plusieurs principes qui lui sont consubstantiels : tout ce qui est *gratuit* serait moins bien que ce qu'on paye, et l'enseignement devient un bien à consommer. Cela induit inévitablement une compétition entre les établissements, renforçant toujours plus cette logique de marché, et favorisant des inégalités qui dépendent des moyens financiers de chaque famille. Dans certaines zones, le service public fondamental qu'est l'école s'en trouve dégradé, alimentant le cercle infernal de l'évitement scolaire...

Pourquoi se priver ?

Je vis à Paris depuis 1995 et suis absolument sidérée par le nombre de gens qui, bien qu'ayant fréquenté eux-mêmes l'école publique, et étant diplômés du public, envoient leurs enfants dans le privé. Parfois dès les petites classes. Je ne fais pas de sociologie sur mes amis (quoique) et ma foi, les gens sont libres. Mais c'est un fait, l'école publique fait peur à certains. Ce sont des phrases prononcées dans des moments informels qui expriment une ambition, du côté de *l'ambiance de travail*, du *suivi des devoirs* (qu'importe si la réalité ensuite ne correspond pas vraiment aux attentes) et la peur d'être dans un *mauvais* établissement. Comme si respecter la carte scolaire revenait à ne pas faire le *meilleur* pour son enfant.

Ce n'est d'ailleurs pas forcément l'école publique qui se trouve rejetée : dans mon quartier, plein de parents scolarisent leurs enfants dans les maternelles publiques de l'arrondissement voisin, plus huppé, et ce dès trois ans.

On le rappelle : la mixité sociale ne nuit pas aux élèves favorisés. C'est documenté. Comme je l'ai déjà écrit dans *En finir avec les idées fausses sur l'école*[18], les résultats scolaires sont bien davantage dépendants de la catégorie sociale d'origine, de l'éducation reçue à la maison, du sens et des ambitions transmises par les parents. Le public – enfin, le public populaire – effraie des gens qui n'ont pourtant pas grand-chose à craindre.

C'est aussi autre chose qui se joue : les *bonnes* fréquentations, l'ambiance de travail mais aussi parfois la pédagogie. Ce sont de bonnes raisons pour les parents, quand elles apportent un

---

18. Louise Tourret, *En finir avec les idées fausses sur l'école*, Ivry-sur-Seine, Les Éditions de l'Atelier, 2024.

avantage compétitif et même une certaine image de soi-même. La très privilégiée École alsacienne à Paris revendique une forme de valorisation de l'individu au centre de son cursus, comme l'a décrit le journaliste Lucas Bretonnier dans *L'École du gotha*[19].

Voici l'analyse qu'il livrait au Monde :

> « Les compétences intellectuelles et scolaires sont déjà acquises chez eux (les élèves de l'Alsacienne), donc l'école peut se concentrer sur le reste. Ils apprennent ainsi à pitcher des idées, des projets, et même à se pitcher eux-mêmes, donc à se vendre et à avoir confiance en eux. L'un des exemples pédagogiques qui encouragent cette confiance (qui plus est dans une langue étrangère) est l'English book club ou le debating club, joutes oratoires inspirées des débats à la Chambre des communes britannique[20]. »

Est-ce que cela donne vraiment envie ?

Distingué, s'il vous plaît

Autre pédagogie en vogue : le bilinguisme, qui permet de se distinguer au passage. Certains cursus bilingues sont publics et sélectifs comme les lycées internationaux, d'autres sont privés, également sélectifs et, surtout, coûtent hyper chers. Dans tous ces cas, un entre-soi entre CSP +++ saute aux yeux. Ces écoles se multiplient là où elles ont un public. Ce mélange prix-sélection ne choque plus grand monde aujourd'hui. Ce sont pourtant les

19. Lucas Bretonnier, L'*École du gotha,* Paris, Seuil, 2021.

20. Lucas Bretonnier, « Chez les jeunes de l'Alsacienne, une “anormale tranquillité face au monde” », *Le Monde*, 21 janvier 2022. Propos recueillis par Marine Miller.

mêmes qui ont fréquenté ces écoles ultra-ségréguées ou qui y envoient leurs enfants, qui parlent de valeurs républicaines et de mixité à la tête de l'Éducation nationale.

Or le phénomène prend des proportions inquiétantes dans des grandes villes comme Marseille où le sujet n'est pas traité. À Paris, la mixité fait l'objet d'une politique de carte scolaire volontariste pour le secondaire, mise en place par un recteur peu réputé pour ses penchants à gauche, Christophe Kerrero, afin que les élèves restent dans les collèges populaires (chaque élève candidate pour cinq lycées de secteur, plus ou moins prestigieux et avec des caractéristiques différentes, dans l'ordre qu'il préfère. Il ou elle dispose d'un certain nombre de points basés sur les notes et les compétences évaluées par ses enseignants. Des points supplémentaires sont attribués aux élèves de l'éducation prioritaires et aux boursiers). La ville a donc mis en avant ses résultats en donnant des chiffres : la ségrégation sociale a baissé de 49 % entre 2019 et 2023 dans le secondaire public[21].

Tout ceci reste très privé

Il n'empêche que la composition du privé s'embourgeoise. Peut-être parce que toutes les tentatives politiques de mixité sociale ne concernent que le public ! Or, ce secteur privé est largement financé par l'argent des Français : l'État paye les professeurs mais les régions sont également très généreuses, bien au-delà de leurs obligations, et ce de plus en plus, notamment

21. Sylvie Lecherbonnier, « Affelnet : trois ans après la réforme, la mixité sociale et scolaire progresse encore dans les lycées publics de Paris », *Le Monde*, 4 mars 2024.

en Île-de-France[22]. Et le privé n'a aucune obligation en retour. Ni en termes de choix des élèves, ni en termes de coût. Et ce, en touchant de l'argent... public ! Tous ceux qui payent des impôts financent la ségrégation scolaire.

Comme l'explique le sociologue Youssef Souidi, les politiques de mixité (le programme Affelnet, ou d'autres tentatives de mixer le public de collèges proches) peuvent provoquer des départs vers l'enseignement privé[23]. Et le fossé se creuse. Voici les chiffres que donne Julien Grenet, lui aussi économiste et spécialiste des politiques de mixité scolaire :

> « La part des élèves favorisés a augmenté beaucoup plus vite dans le privé. Au collège, elle est passée de 30 % à 41 % en vingt ans. À l'inverse, celle des collégiens défavorisés du privé est passée de 24 % à 16 %[24]. »

Ces chiffres valent pour toute la France. À Paris, les effectifs d'élèves du privé pourraient finir par atteindre 50 %. Avec d'un côté une école de riches, et de l'autre une école de plus en plus populaire. Une école de pauvres à terme. Le tout dans une certaine opacité. Parce que tous ces chiffres n'ont pas été si faciles à obtenir. On accuse souvent les parents de se baser sur

---

22. Bérénice Gabriel, Mathilde Goanec, Donatien Huet, Manuel Magrez, Mathilde Mathieu et David Perrotin, « Lycées privés : révélations sur une rallonge de 1,2 milliard d'euros d'argent public », *Mediapart*, 26 août 2024.
23. Youssef Souidi, *Vers la sécession scolaire ? Mécaniques de la ségrégation au collège*, Paris, Fayard, 2024.
24. Julien Grenet *in* Johan Bescond et Yiqing Qi, « Enseignement privé : ces quatre graphiques montrent quelle est la réalité derrière les clichés », *Ouest-France*, 2024.

les effets de réputation (c'est vrai qu'il faut rencontrer des gens qui ont vraiment fréquenté un établissement récemment pour avoir une idée de sa qualité, il faut aussi se rendre aux journées portes ouvertes), mais les données chiffrées ne sont pas si accessibles, ce qui renforce l'impression de ne pas très bien savoir où l'on en est, de ne pas savoir à quel saint se vouer.

Des chiffres et des dettes

L'Éducation nationale produit énormément de statistiques de grande qualité et a en même temps un gros problème avec les chiffres et la clarté. Même avec des indicateurs publiés chaque année, il y a des trous dans la raquette. Souvent, ce sont les syndicats enseignants qui alertent. Et parfois ces trous sont comblés grâce à de véritables batailles. Laissez-moi vous en raconter une : l'histoire hallucinante de la révélation des IPS (indices de position sociale).

Il a fallu tordre le bras au ministère de l'Éducation nationale pour rendre publics les IPS des établissements scolaires. Qu'est-ce que les IPS ? Depuis 2016, les informations concernant la catégorie socioprofessionnelle des parents d'élèves permettent d'obtenir un score, pour chaque établissement, qui va de 45 à 185 – connaître l'IPS d'un établissement donne une idée de sa composition sociale, de la plus populaire à la plus privilégiée. Ils nous permettent de savoir quels sont établissements privés les plus sélectifs socialement. Plus l'écart type est élevé, plus l'établissement est mixte. Il s'agit donc d'une donnée essentielle.

Nous devons la divulgation de ces indicateurs à Alexandre Léchenet, journaliste data à *La Gazette des Communes*. En 2019, il a mené ce combat avec une ténacité remarquable. Lors de notre échange, il m'a raconté ce qui l'avait poussé à s'y intéresser :

« J'avais lu le rapport Mathiot-Azéma[25] sur les écoles orphelines de l'éducation prioritaire. J'ai voulu enquêter sur ces collèges dont l'IPS était trop élevé pour que les écoles primaires du même secteur soient classées en REP[26], alors que leur réalité sociale le justifierait. »

Pour ce faire Alexandre Léchenet s'appuie sur la loi française qui donne un droit d'accès aux citoyens aux documents administratifs (une loi votée en 1978[27]). Il a donc procédé « naïvement », avec une demande auprès du ministère de l'Éducation.

« Je pensais qu'il n'y aurait pas de problème mais le ministère m'a dit que les données n'étaient pas disponibles. »

Ayant l'habitude de ces démarches, il saisit alors la CADA (Commission d'accès aux documents administratifs). Cela prit du temps – la crise sanitaire de 2020 ralentissant les procédures – mais la commission lui donna raison. Le ministère, de son côté, tenta de faire valoir que publier ces données risquait d'encourager l'évitement scolaire, argument irrecevable d'un point de vue légal. Le journaliste décida donc de saisir le tribunal administratif. Le ministère, dans une défense assez stupéfiante, expliqua qu'il fallait « protéger la vie privée des collèges » et éviter de les stigmatiser. Comme si les effets de réputation n'existaient pas déjà. Comme si les parents ne se parlaient pas. Comme si l'opacité servait encore l'école publique. On hallucine.

25. Arianne Azéma et Pierre Mathiot, Rapport « Mission Territoires et réussite », 5 novembre 2019.

26. Réseaux d'éducation prioritaire.

27. Loi nº 78-753 du 17 juillet 1978.

Léchenet n'a pas lâché. Le fait que le ministère ne veuille pas publier ces données a renforcé sa détermination... et sa patience ! La décision du tribunal est tombée en 2022. Le ministère a attendu le dernier jour indiqué dans le jugement pour rendre les données publiques. Il l'a fait pour les écoles, les collèges et les lycées. Les « écarts-types » ont également été publiés.

Ce valeureux confrère, qui a entre-temps changé de média, s'est employé à relayer l'info dans la communauté des *data journalistes*. Les articles se sont multipliés et les indicateurs furent – et sont toujours – utilisés par des chercheurs, des élus, des parents d'élèves. Il ne s'était pas imaginé à quel point ces données serviraient et à quel point elles montreraient que l'enseignement privé s'était embourgeoisé.

D'autres journalistes et chercheurs ont pris le relais pour utiliser ces statistiques. Ainsi, les sociologues Pierre Merle et Stéphane Bonnery ont publié en 2024 un passionnant article montrant que c'est bien via l'ignorance des chiffres (des données en général) que l'État a favorisé le privé et la ségrégation scolaire[28].

L'école française, dans sa gestion actuelle, semble suivre un modèle où l'on prend des ressources à l'ensemble pour favoriser les plus riches, creusant ainsi des inégalités. Les dispositifs d'éducation prioritaire (les fameuses REP) sont censés compenser ces inégalités, mais c'est insuffisant. Certes, les classes y sont moins remplies, mais cela s'accompagne souvent de professeurs moins expérimentés, donc moins bien rémunérés, ce qui impacte la qualité de l'enseignement. De plus, un grand nombre d'élèves

28. Pierre Merle et Stéphane Bonnery, « Enseignement privé : 25 ans d'"embourgeoisement" et de "séparatisme social" sur fonds publics », *Mediapart*, 11 septembre 2024. Propos recueillis par Mathilde Goanec.

issus de milieux populaires ne sont même pas scolarisés en REP, ce qui aggrave encore les écarts. Ce système, où les ressources sont concentrées dans certaines écoles (privées...) et où les plus privilégiés bénéficient d'un accès à une éducation de qualité, c'est l'école néolibérale.

En discutant avec Alexandre Léchenet, je me demandais à quel point les citoyens français étaient informés, et aussi si ces données étaient suffisamment communiquées (les politiques préfèrent occuper l'espace médiatique en parlant du temps de vacances des élèves et des profs). Quel ministre est *challengé* sur l'école privée ? Il a fallu qu'Amélie Oudéa-Castéra, notre ancienne brève ministre de l'Éducation nationale, fasse une énorme boulette[29] pour que le débat dépasse les cercles du journalisme spécialisé – j'ai même été invitée dans l'émission *Quotidien* pour en parler. L'absence d'information entretient une confusion qui inquiète les parents. Et l'inquiétude, c'est ce qui nourrit précisément le marché éducatif.

Classer pour quoi faire ?

Alors, qu'a-t-on comme info à se mettre sous la dent pour évaluer les écoles ?

– 1. Les classements un peu bêtes et méchants des journaux.

Ils se basent sur les chiffres de réussite aux examens et les mentions. Selon moi, ils devraient disparaître tant ils alimentent une compétition délétère entre établissements.

29. Mathilde Goanec, David Perrotin et Ilyes Ramdani, « La ministre de l'Éducation a choisi un établissement privé ultra réac pour ses enfants », *Mediapart*, 12 janvier 2024.

– 2. Les méthodes de l'établissement : par exemple, pour les lycées privés qui occupent les *meilleures* places : est-ce du bon boulot de la part de l'établissement ou une politique efficace de tri ? Le classement – IVAC et IVAL [30] – du ministère temporise les simples résultats aux examens servant aux autres classements.

> Voici comment ils sont calculés : « L'analyse combine des facteurs individuels des élèves (âge et sexe, niveau scolaire à l'entrée au collège ou au lycée, origine sociale) et des facteurs liés à la structure de l'établissement (pourcentage de filles, part d'élèves en retard scolaire, origine sociale des élèves, note moyenne obtenue au brevet pour les IVAL et score moyen aux évaluations exhaustives de sixième pour les IVAC). On tient compte, par exemple, du fait que les collèges et les lycées ayant la plus forte proportion d'enfants de cadres supérieurs ou d'enseignants ont un impact positif sur les enfants d'ouvriers ou d'inactifs qu'ils scolarisent en moindre proportion [31]. »

Qui les regarde ? Je ne sais pas. Qui les met en avant ? Honnêtement, impossible de le dire. À quoi servent-ils ? Je ne vois pas un collège public faire sa publicité sur la foi de ces chiffres puisque *normalement*, si on va dans le public, on n'a pas le choix. Et comment réagir si on s'aperçoit que son établissement a une valeur ajoutée négative ? Aller dans le privé ? Car il existe un marché scolaire où les établissements sont des produits qu'on compare – bientôt des IA nous diront carrément où aller, qui sait ? Ce modèle, qui transforme l'éducation en une marchandise

30. Indice de valeurs ajoutées des collèges et lycées.
31. Voir sur le site du ministère de l'Enseignement supérieur et de la Recherche.

évaluée comme un service Uber ou Deliveroo et place les élèves dans une logique de compétition entre établissements, s'inscrit pleinement dans la logique du néolibéralisme. Il semblerait bien qu'avec l'école privée, les héritiers [32] prolifèrent et la distinction [33] s'opère, renforçant ainsi les inégalités sociales au lieu de les combattre. Or ce fonctionnement n'a aucun sens. On peut rappeler qu'il n'élève le niveau de personne : les élèves en difficulté sont de plus en plus issus des catégories populaires et les très bons élèves de moins en moins nombreux en France !

Face à l'angoisse éducative – celle d'être mal positionné, de ne pas avoir les bons diplômes pour le bon avenir – beaucoup de parents pensent que *payer* est déjà *faire* quelque chose pour son enfant. La ségrégation socio-scolaire s'avère pourtant être une perte de chance pour la société dans son ensemble et n'est même pas une bonne affaire à titre individuel... Mais les parents pourront se dire qu'ils ne sont pas restés passifs. Cette logique du *payer c'est agir* s'infiltre dans toutes les relations éducatives. Elle est constamment encouragée par des acteurs puissants : des forces politiques qui privilégient le marché face aux services publics, le marché lui-même et les entrepreneurs de l'éducation.

32. Pierre Bourdieu et Jean-Claude Passeron, *Les Héritiers*, Paris, Les Éditons de Minuit, 1964.

33. Pierre Bourdieu, *La Distinction*, Paris, Les Éditons de Minuit, 1979.

CHAPITRE 5

Do you like l'école privée hors contrat ?

Je ne sais pas si, en matière d'éducation, le comportement des plus fortunés fournit des indications sur celui qu'adopteront les autres classes sociales dans le futur. Faut-il *juste* y voir des évolutions inquiétantes comme la marque d'un séparatisme social grandissant ou un changement de paradigme ?

Observez comment les choix scolaires s'opèrent chez des familles très aisées de l'ouest parisien, VIIe, VIIIe et XVIe, débordant sur le XVIIe arrondissement – et dans les banlieues huppées, toujours à l'ouest de la capitale. C'est chez ces familles que les écoles privées les plus chères, hors contrat mais aussi parfois sous contrat, recrutent leurs élèves. C'est exactement la population sur laquelle ont travaillé les sociologues Michel et Monique Pinçon-Charlot – une classe qui a, selon eux, à cœur de défendre ses intérêts[34]. La bourgeoisie n'est pas l'apanage de Paris mais il s'agit en l'occurence d'un véritable cas d'école.

34. Michel Pinçon et Monique Pinçon-Charlot, *Sociologie de la bourgeoisie*, Paris, La Découverte, 2016.

Hors contrat social

Commençons par là. Le hors contrat. Ce terme est technique en apparence mais raconte à merveille la manière dont l'idéologie néolibérale s'installe dans l'éducation. « Hors contrat » signifie que ces écoles ne bénéficient théoriquement d'aucune aide, contrairement aux écoles sous contrat, subventionnées par les collectivités locales pour le bâti, pour lesquelles l'État paye les professeurs et qui sont tenues de respecter les programmes. Selon les textes officiels, un établissement hors contrat « doit permettre aux enfants d'acquérir les connaissances du socle commun de compétences »[35]. Il recrute directement ses enseignants – qui n'ont pas besoin d'être diplômés – et les rémunère.

98 écoles hors contrat ont ouvert à la rentrée 2024. Et 110 000 élèves sont scolarisés dans ce secteur[36]. Certaines écoles sont minuscules et comptent une poignée d'enfants. On compte 2 500 écoles en tout, c'est beaucoup pour 110 000 élèves. Et 110 000 élèves, c'est très peu sur plus de 12 millions d'élèves français. Mais ce chiffre est en progression : il a doublé en dix ans[37].

Le hors contrat est très divers. Parfois, il pallie la fermeture d'écoles publiques en milieu rural, parfois il ambitionne de

---

35. Voir sur le site service-public.fr. « Établissement scolaire privé "hors contrat" : quelles sont les règles ? ». Direction de l'information légale et administrative (Premier ministre), 2025.

36. Selon la Fondation pour l'école, « aujourd'hui, 130 000 élèves sont scolarisés dans ces écoles, qui représentent désormais 4,4 % des établissements scolaires français. Ce pourcentage atteint même 7 % dans l'enseignement secondaire, avec 2 574 écoles disséminées sur tout le territoire ». « Rentrée 2024 : La montée en puissance des écoles hors contrat se poursuit », *La Fondation de l'école*, en ligne.

37. *Ibid.*

mettre en place des pédagogies ou mode d'éducation *innovant* comme les écoles dans la forêt ou les écoles Montessori. Et même quand l'objectif est de finir *sous* contrat, il faut commencer *hors* contrat. Les procédures sont longues avant de pouvoir demander à changer de statut : au moins cinq ans. Sans contrat et donc sans financement public pour rémunérer le personnel, ces écoles sont chères. Très chères. À moins qu'un mécène ne vienne à la rescousse – comme dans le réseau « Espérance banlieue », soutenu entre autres par Pierre-Édouard Stérin, entrepreneur influent, catholique traditionaliste, et figure montante de l'extrême droite[38]. La couverture médiatique dont ont pu bénéficier ces écoles en uniforme (avec salut au drapeau chaque matin[39]) montre en creux la défiance entretenue envers l'école publique et l'attrait, chez certains, pour une version classiste de l'autorité, taillée sur mesure pour les enfants des milieux populaires.

***You said* bourgeois ?**

Dans les beaux quartiers, une autre forme de distinction s'opère. Moins spectaculaire mais tout aussi révélatrice : celle de la langue. Le bilinguisme des écoles alternatives est particulièrement mis en avant, et avant tout avec l'anglais.

38. Entretien de Pierre-Édouard Stérin avec François-Xavier Maigre et Valérie Lion, « Agir pour le bien commun », *Le Pèlerin*, 16 février 2022.
39. « *Uniforme, levée de drapeau, classes à effectifs réduits. À Roubaix, une école différente défend la laïcité et la mixité sociale* », *TF1, Sept à huit*, 20 février 2022 ; Harry Roselmack, « L'école doit être une chance pour tous », *TF1*, 2015 ; La Maison des maternelles, « Une méthode novatrice au service de la réussite scolaire », *France Télévision*. Que le service public diffuse ce genre de publicité déguisée en reportage devrait tout de même nous alerter.

Ce n'est pas un hasard. On le parle chez les puissants du monde et les études à l'étranger sont très valorisées dans les classes favorisées. La maîtrise de l'anglais est perçue comme un *must* (le bilinguisme avec le turc, le portugais ou l'arabe n'est pas poussé de la sorte même si ces langues ont des millions de locuteurs. Le chinois est davantage valorisé). Je ne veux pas attaquer l'apprentissage d'une langue étrangère en soi, mais simplement constater un aspect supplémentaire du temps : son caractère utilitaire, répondant à des exigences pressantes. Il ne s'agit pas ici de parler anglais pour apprécier la plume d'Edgar Allan Poe, mais bien de s'armer pour répondre aux exigences utilitaristes d'un marché qui réclame de nous la connaissance nécessaire de l'anglais, langue de l'échange marchand spontané. À 18 ans, il faut être prêt. Il faut parler anglais. Et peu importe si l'école publique n'est pas apte (par manque de moyen, entendons-nous bien) à fournir ce niveau : « pour mon enfant, ça sera le privé ».

Une alternative qui se démarque par le prix. L'Union School[40] facture 20 400 euros l'année scolaire, cela lui a valu un papier entier, plutôt sympathique, dans *L'Express*[41] et un autre dans *Le Figaro*[42]. J'y apprends le détail des tarifs : 11 100 euros pour la toute petite section et 21 000 euros par an de la petite section au CM2, plus 1 000 euros de frais d'inscription. Un an de cantine, cinq jours par semaine, reviendrait à 2 790 euros.

40. École bilingue privée « d'excellence maternelle ».

41. Emilie Lanez, « Uniformes Harry Potter, profs célèbres... Enquête sur l'école primaire la plus chère de France », *L'Express*, 28 mai 2023.

42. Séverine Dégallaix, « Cette école est la plus chère de France : voilà ce qu'on y apprend aux élèves », *Le Figaro*, 12 août 2024.

Quelle inventivité !

Je parcours un autre article qui s'apparente à un publireportage.

> Les langues ne s'arrêtent pas aux leçons : elles concernent aussi les nombreuses activités. Les élèves pratiquent en effet les échecs une fois par semaine, apprennent du codage, d'abord sans puis sur écran, font du théâtre, assistent à des cours d'art et de chant, jouent au tennis, sont bénévoles dans une association, découvrent le body-mind centering, une activité entre danse et yoga pour l'harmonisation entre corps et esprit, et sont sensibilisés au développement durable, grâce notamment au potager de l'école[43].

Alors là, chapeau le marketing !

Les élèves des écoles publiques de la même ville (Paris) bénéficient de professeurs diplômés pour le sport, pour la musique et les arts plastiques ; plein d'établissements possèdent des potagers et les ateliers d'échecs sont très courants, ainsi que les chorales – mes enfants les ont fréquentées – et faut-il parler des associations sportives des collèges ? De la boxe, du volley, du handball ou de la danse pour quelques dizaines d'euros par mois. Beaucoup d'écoles sont équipées de salles où les enfants peuvent lire et même emprunter des livres : les bibliothèques ! Et pour le prix (gratuit), l'école publique permet même de rencontrer des gens de différentes classes sociales. Une ouverture irremplaçable vers l'autre qui pourra permettre à l'enfant de s'adapter à toutes les situations de sa vie future. La force de cette école, c'est sa diversité, et la possibilité d'émancipation qu'elle propose.

---

43. *Op. cit.*

Oui, il y a plein de manières de présenter les choses, et force est de constater que l'école publique n'a jamais droit à ce genre de panégyrique ! Partiel mais 100 % véridique.

Évidemment, la qualité de l'enseignement public se dégrade, les classes et salles d'activités sont surchargées, et la pénurie de professeurs s'aggrave. Mais ne faut-il pas envisager de faire pression sur nos gouvernants pour obtenir des améliorations et plus d'équité plutôt que de répondre aux exigences de privatisation, de compétition et d'influence typiques du carcan libéral ?

L'entre-soi ne semble pas avoir de prix

Revenons à l'anglais. Il constitue une vraie différence. On est censé l'apprendre dès la maternelle dans le système classique mais – comme susmentionné – les moyens n'y sont pas, indubitablement. Et on recommence à zéro en sixième. Alors évidemment, la promesse du bilinguisme devient un argument de vente en or. Elle permet de justifier des tarifs exorbitants cités plus haut et des pratiques discutables.

Prenons l'école Jeannine Manuel, dans le VIIe arrondissement parisien, qui scolarise un public huppé, sous contrat cette fois, et affiche des tarifs élevés et ce de plus en plus : 9 560 euros par an à la rentrée 2024, 9 935 euros en 2025 (contre 7 935 plus 650 euros de frais d'inscription en 2023). Où va l'argent ? Un article de Marie Piquemal pour *Libération* éclaire cette célèbre institution d'un jour nouveau[44]. On y apprend que des montages financiers complexes et opaques permettent aux

44. Marie Piquemal, « Derrière les murs de l'école la plus riche de France, Jeannine-Manuel : une machine à cash alimentée par l'argent public », *Libération*, 7 novembre 2024.

descendants de Jeannine Manuel[45] de s'enrichir : ils louent les locaux dont ils ont hérité à la société qui fait tourner l'école. Les parents sont incités à faire des donations en plus, qui ne sont pas contrôlées. L'école choisit ses élèves avec un examen d'entrée (sous contrat, ce n'est pas du tout dans les clous) et des parents savent, d'après l'article, que des différences de traitement existent selon qui donne à la fondation. Des professeurs sont en *burn-out* et les contraintes liées aux locaux les obligent parfois à donner certains cours en demi-groupes dans les couloirs.

L'entre-soi n'a pas de prix mais plutôt un coût. Et certains s'en frottent les mains : les écoles bilingues sont devenues une niche d'investissement rentable. Le groupe Wendel, nous apprend *Le Figaro*[46], s'est emparé de la moitié du groupe espagnol Globeducate, qui abrite une soixante d'écoles privées bilingues, de la maternelle au secondaire. Pour le président du directoire de Wendel, Laurent Mignon, « l'éducation privée, de la maternelle au secondaire, représente une valeur stable, dont la croissance n'est pas liée aux cycles économiques, parfois troublés. Il y avait peu de dossiers de cette qualité dans ce secteur, qui nous intéresse beaucoup »[47]. Globeducate détient onze écoles dont EIB Paris ou la British International School. Les frais de scolarité assurent une bonne rentabilité !

Personne, ou presque, ne s'inquiète dans le débat public de la multiplication de ces écoles, ni de leur fonctionnement. Néanmoins, les conditions pour ouvrir des établissements se sont durcies en 2018. L'autrice de la loi, la sénatrice

---

45. Résistante et pédagogue française.
46. Agence Option Finance, « Wendel finalise le rachat d'environ 50 % de Globeducate », *Le Figaro*, 16 octobre 2024.
47. *Ibid.*

Françoise Gatel, affirmait à *Challenge* que « la liberté d'éducation est constitutionnelle, mais il s'est créé un business qu'il faut réguler »[48]. Vu le zèle avec lequel l'Éducation nationale et les pouvoirs publics ont protégé les élèves victimes de violence de Bétharram et des internats catholiques, les entrepreneurs d'écoles à 10 000 euros peuvent dormir sur leurs deux oreilles. Pourtant, quand l'État veut vraiment agir, il s'en donne les moyens. La loi contre le séparatisme de 2021 permet de fermer un établissement sans passer par un juge. Ce sont les écoles religieuses et particulièrement musulmanes qui sont visées et certaines ont été fermées. Quoi qu'on pense de ces écoles et des religions, l'excuse justifiant l'impossibilité pour l'État de s'intéresser aux affaires internes d'un établissement privé semble alors fortuite.

Ces établissements ne s'adressent qu'une infime partie de la population, ultra-privilégiée, dont toute la société a bien compris qu'il ne fallait rien attendre. Ils ne sont pas les seuls à fuir les « autres ». À travers les cas de ces écoles de plus en plus chères, il me semble que se dessine à la fois une morale de l'argent et de l'éducation. Une morale néolibérale peut-être. L'argent qui permet d'acheter la soi-disant *réussite*, le réseau qui la précède, et les privilèges qui en découlent. Avec ces politiques de prix, ce marketing de l'anglais, ce ne sont pas les enfants qu'on cherche à faire progresser, ni le savoir qu'on cherche à mieux transmettre, soyons sérieux deux secondes.

Ce sont des privilèges à préserver dont il est question et d'une autre valeur, à la fois plus éclatante et plus sombre : l'argent. L'argent tout simplement, qu'on admire comme tel. Les élèves des écoles de riches – publiques comprises – forment parfois des

48. Gaëlle Macke, « Montessori, enseignement religieux... L'école privée hors contrat entre succès relatif et dérives », *Challenge*, 7 septembre 2024.

clubs des 350 (pour 350 mètres carrés). Ils savent où ils sont. Et où sont les autres. Mais quel message transmet une école dont une année vaut six SMIC ? Et dès lors, comment croire à l'éducation dans un monde incertain où les places sont chères ? Un monde cynique où les plus riches s'emploient à conserver leurs privilèges et d'autres exploitent leur goût infini à payer ? À travers le comportement de tous ceux-là, qui disent *aimer l'éducation*, je vois surtout de l'argent et de la richesse célébrés par des hypocrites.

CHAPITRE 6

L'Université gratuite

Nous sommes en 1986 et dans mon lycée de banlieue, des élèves partent en manif'. Le mouvement vise le ministre de l'Enseignement supérieur, Alain Devaquet. Son nom est gravé sur des tables de classe : Devaquet au piquet ! Je suis en sixième et j'apprends – pour aller vite – que ce ministre veut rendre l'université payante. Les débats se succèdent à la télévision et à la radio : l'université, avec ses droits d'inscription modiques, ne serait pas tenable. Elle est d'ailleurs sujette à des droits d'inscription élevés dans de nombreux pays, nous dit-on (vaste débat !) et il faut la moderniser. Mais la proposition du ministre porte surtout une autre idée : une sélection à l'entrée. Et c'est aussi cette crainte qui a fait descendre les lycéens dans la rue.

Si on parle du mois de décembre et des manifestations de 1986, vous vous souvenez peut-être de la mort de Malik Oussekine. Le nom de cet étudiant, battu et tué par deux CRS qui ne furent jamais réellement sanctionnés, restera à jamais gravé dans ma mémoire. Après la mort de ce jeune homme, qui n'était pas un manifestant, Jacques Chirac décida du retrait total du projet du ministre désormais démissionnaire, Alain Devaquet. Nous étions le 8 décembre 1986.

L'augmentation des droits et la sélection à la fac reviendront régulièrement dans le débat, portées par le camp libéral-conservateur qui va néanmoins trouver d'autre voix pour renchérir les études et diversifier les diplômes.

Faisons un saut en 2022 : Emmanuel Macron clôt le congrès de la Conférence des présidents d'universités, avec une réforme à la clé, pour rendre l'université plus « professionnalisante et payante ». Politiquement, il s'inscrit là dans une vraie continuité avec 1986. Dans les faits, il est faux de dire que l'université n'a pas évolué, mais il conviendrait d'analyser plus profondément ce qu'on y demande, ce qu'on lui demande.

De quoi parle-t-on ?

Notre système éducatif se caractérise par le fait que, plus encore qu'ailleurs, les rejetons de diplômés tirent leur épingle d'un jeu scolaire dont les règles échappent aux enfants des classes populaires. Et ce sont davantage ces derniers qui fréquentent l'université après le bac, car la licence de l'université ne tient pas le haut du pavé si on compare la valeur de chaque diplôme. L'enseignement supérieur obéit en effet à une organisation « deux salles, deux ambiances » très structurante.

Contrairement à de nombreux pays, la France n'a historiquement pas un mais deux enseignements supérieurs. L'excellence se déployait déjà dans des écoles *à part* sous l'Ancien Régime. Les écoles de marine marchande furent créées dès le XVIe siècle à Marseille, suivies d'autres écoles d'hydrographie et d'écoles militaires. Les Ponts et Chaussées (actuelle École des ponts ParisTech) naît en 1747. La Révolution et les réformes napoléoniennes les favoriseront à leur manière. En 1793, les universités, perçues comme des institutions corporatistes contrôlées par l'Église, sont supprimées. Pour les remplacer, les révolutionnaires créent des écoles spécialisées : l'École polytechnique ou l'École des langues orientales (INALCO) sont issues de cet héritage.

Ce n'est qu'en 1806 que Napoléon rétablit les universités sous le nom de facultés, organisées en cinq domaines distincts : théologie, droit, lettres, médecine et sciences. Parallèlement, les écoles spécialisées sont maintenues. Les fondations du système dual actuel sont ainsi posées – et les écoles vont apparaître et se développer au fil du temps. L'École normale, fleuron académique, fondée en l'an III de la Révolution, deviendra « normale supérieure » en 1845 quand apparaîtront les écoles normales primaires pour devenir instituteur. Nombre de grandes écoles actuelles furent créées au XIXe siècle, la patine du temps leur aura apporté un prestige croissant. La célèbre HEC (École des hautes études commerciales) fut fondée en 1881 par la chambre de commerce et d'industrie de Paris. En 1871, l'Établissement de l'école libre des sciences politiques (ancêtre de Sciences Po) est fondé par Émile Boutmy pour « créer l'élite qui, de proche en proche, donnera le ton à toute la nation »[49].

Ces établissements ont formé (et forment) *l'élite* de la nation, à côté de la fac où s'épanouissent davantage les rebelles, de François Villon aux étudiants de Tolbiac en passant par les étudiants de Nanterre en 1968 qui ont toujours suscité la méfiance du pouvoir. À ce système dual s'ajoutent les classes préparatoires aux grandes écoles (CPGE) qui font partie de l'enseignement secondaire public et parfois privé. Cette dualité s'est maintenue avec une remarquable constance, malgré Mai 68 où le sujet a été

49. Mathieu Dejean, *Sciences Po, l'école de la domination*, Paris, La Fabrique, 2023.

porté par des étudiantes et étudiants, sans remettre en cause la structure de l'enseignement supérieur français. Les grandes écoles ont conservé leur autonomie et leur prestige, perpétuant ainsi la division entre deux mondes académiques distincts : celui des universités, théoriquement ouvertes à toutes et tous, et celui des écoles spécialisées, reposant sur une sélection rigoureuse.

Éducatif rime avec sélectif

Le tri des enfants puis des adolescents apparaît donc comme la clé de voûte de cette organisation. On n'imagine pas, ou peu, en France, qu'un enseignement de qualité s'opère sans sélection (en tout cas, peu de nos décideurs se l'imaginent). Comme si, sans filtre, rien de bon ne pouvait émerger. Ce qu'il faudrait reconnaître, collectivement, c'est que notre système fait beaucoup plus confiance à ce tamis – social, scolaire – qu'à la qualité pédagogique elle-même. D'ailleurs, en parcourant la littérature sur les écoles de commerces (celles qui sont sélectives), on comprend que les écoles sont beaucoup moins exigeantes que les classes qui y préparent, les étudiants s'y scolarisent davantage pour le réseau et l'accès aux stages que pour la qualité des cours.

Le fait d'être triés et d'atterrir dans le haut du panier vous confère une valeur pour le reste de votre existence. C'est ce que la sociologue Annabelle Allouch appelle la « société du concours » : *réussir* à son importance, votre classement aussi[50]. Autre exemple : les classes prépas littéraires où tout le monde échoue ou presque à intégrer Normale-Sup. Même si on va à la fac ensuite, avoir fait une prépa procure un petit pedigree. Ces

50. Annabelle Allouch, *La Société du concours. L'empire des classements scolaires*, Paris, Seuil, 2017.

classes préparatoires, bien plus nombreuses que les places disponibles en grande école, sélectionnent beaucoup... pour trier encore plus. Et tout le monde trouve ça super ! Imaginons un système où tout le monde serait aussi bien accompagné et, pour commencer, ceux qui en ont le plus besoin ? Beaucoup plus ambitieux, non ? Dans cet univers impitoyable, la fac ne fait pas figure de premier choix si elle n'est pas sélective.

Le bouc émissaire

L'université, depuis les grandes vagues de massification du supérieur, accueille toujours plus d'étudiants. Peine-t-elle à évoluer ? L'institution n'est pas immobile. De nouvelles formations et de nouvelles pédagogies y voient sans cesse le jour, avec des profils variés d'étudiants accueillis, et le lot de difficultés scolaires et sociales qui ne lui rendent pas la tâche facile.

Et pour faire face à ces défis, ses moyens sont en baisse. Le nombre d'étudiants augmente. Les lois successives (LRU[51] en 2007, loi ORE[52] en 2018) sont largement contestées. En 2024, les présidents d'université tirent la sonnette d'alarme et alertent sur « la situation financière intenable des universités, conséquence des mesures nationales prises par l'État sans qu'elles ne soient compensées[53] ». C'est peu de dire qu'aucune réponse ne leur a été donnée. L'instabilité gouvernementale n'aide pas et la tendance droitière des gouvernements successifs est très défavorable au financement correct des services publics.

51. Loi relative aux libertés et responsabilités des universités.

52. Loi relative à l'orientation et à la réussite des étudiants.

53. « Universités : attention danger ! », *France Université*, 5 décembre 2024.

Pourtant, de l'argent pour le supérieur, l'État en dépense. Ailleurs et autrement. En subventionnant un grand système basé sur l'apprentissage et en finançant des structures privées. Car le projet n'est pas seulement de faire payer les étudiants et leurs familles mais de permettre à des entreprises de gagner de l'argent grâce et à travers eux. Le Sénat, pour 2025, a voté 630 millions d'euros d'économies sur les crédits de l'enseignement supérieur et de la recherche, via un amendement de dernière minute du gouvernement, selon ma collègue du *Monde* Soazig Le Névé. Le budget global du supérieur, lui, progresse peu : 200 millions d'euros. Mais on dépense moins par étudiant, car ils sont plus nombreux.

Ne pas se tromper de combat

Vous avez peut-être déjà entendu ce genre d'arguments : le sociologue François Vatin considère que l'absence de sélection à l'entrée des universités a paradoxalement contribué à la marchandisation de l'enseignement supérieur[54]. En quelque sorte, c'est en refusant de réguler l'accès que les partisans d'un accès libre à l'Université auraient indirectement poussé les étudiants vers des établissements privés, coûteux et détenteurs de logiques de marché. Ce serait donc le mode d'entrée à l'université, dépourvu « d'exigence académique », qui serait responsable du délabrement de l'enseignement supérieur public. Soit.

Avec cette logique, on se trompe malheureusement de combat. En effet, lier mécaniquement le refus de la sélection universitaire à la marchandisation de l'enseignement

54. François Vatin, « Le refus de la sélection à l'université a provoqué la marchandisation de l'enseignement supérieur », *Le Monde*, 13 octobre 2017.

supérieur revient surtout à occulter les dynamiques à l'œuvre depuis des décennies : dévalorisation, définancement et, aujourd'hui, défiance envers l'université, tout en éludant la colonne vertébrale qui effectue déjà sa sélection bien avant l'entrée dans le supérieur : la reproduction sociale. Les *meilleurs* lycées, situés dans des zones privilégiées, opèrent déjà la sélection si chère aux pourfendeurs de l'accès libre. Et puis c'est un peu déplacer le problème. Pour faire simple, disons que ce n'est pas l'absence de sélection qui favorise le secteur privé, mais bien la négligence organisée de l'investissement public, le démantèlement du service du même nom, allant de pair avec la promotion d'une logique de compétition individualisée. Méfions-nous, car c'est ce qui peut arriver à l'ensemble du système scolaire.

C'est bien le désengagement de l'État et la segmentation des parcours scolaires qui expliquent cette tendance. Il faudrait, toutes et tous, constamment réaffirmer le principe universel, gratuit et émancipateur de l'enseignement supérieur. En fin de compte, repenser l'Université comme un commun. Gratuit, exigeant, et accessible. Sans devoir choisir entre excellence et justice sociale.

CHAPITRE 7

Course à l’orientation

Il faut se préparer très jeune, dès le départ, presque depuis la maternelle, à réfléchir à la façon dont on se projette dans une formation et dans un métier demain.

Élisabeth Borne,
LCP, en avril 2025

Quand je repense à mon parcours scolaire, j'ai l'impression d'avoir vécu dans une époque d'insouciance, ou du moins riche d'une certaine naïveté. J'étais élève de 2 à 19 ans en banlieue parisienne dans des écoles populaires puis bourgeoises. À l'époque et à l'âge que j'avais, je n'avais pas conscience de la violence de l'orientation, du tri social, de la pression exercée sur certains élèves et de l'injustice systématique qui fait réussir toujours les mêmes. Mais l'éducation était en pleine démocratisation, le taux de bacheliers augmentait, et on nous disait qu'on avait l'une des meilleures écoles au monde. Aujourd'hui, cette confiance me semble bien lointaine.

Loin d'une époque enchantée, le débat public ressassait les « échecs » du collège unique. Les adultes rabâchent les inquiétudes liées au chômage de masse. On parlait de génération sida. Les facs étaient surchargées et les mouvements lycéens et étudiants se faisaient entendre... Oui, on pouvait manifester contre un projet et le voir être retoqué. Par exemple, la circulaire

Bardet de 1995 (qui prévoyait la suppression des bourses au profit de prêts bancaires) a été retirée à la suite de mobilisations étudiantes. On ne peut donc pas parler de cadre apaisé. La société française traversait des crises, mais elle semblait moins désespérée quant à l'avenir des *jeunes*.

Que s'est-il passé ? Une autre bascule du côté de la responsabilité individuelle. L'orientation, ce moment décisif ou l'avenir nous dit-on, va se jouer, est devenue un véritable défi. Bien plus qu'une simple étape : c'est le nouvel esprit de l'éducation. Les enfants iraient à l'école non pas pour savoir ce qu'ils veulent faire dans la vie mais c'est parce qu'ils sauraient ce qu'ils veulent faire dans la vie qu'ils fréquenteraient l'école.

L'orientation, état des lieux

Le système éducatif, à travers l'influence croissante des valeurs d'efficacité, est devenu une structure orientée vers la performance individuelle et l'efficacité, plutôt que vers l'épanouissement des élèves ou l'idée d'apprentissage. Si des enseignantes et enseignants y croient encore – au savoir, au lien, à l'intelligence des élèves – l'école est un terrain de sélection, avec des élèves perçus *in fine* comme des « actifs » à former pour le monde du travail. Oubliez le citoyen à éduquer. Optez pour la singularisation des parcours scolaires. Et nous marchons tous et toutes dans ce même état d'esprit de pensée.

Aujourd'hui, ce système a pris racine au collège et au lycée, avec une pression mise sur les élèves pour qu'ils *réussissent* et trouvent leur voie. Le collège est unique mais c'est une gare de triage. L'élève s'oriente en troisième, vers une seconde générale, technologique ou professionnelle. Il ou elle se réoriente en fin de seconde et on refait des choix en première. Attention à ne pas se tromper ! Si vous n'aimez pas les maths mais que vous n'êtes pas trop mauvais, garder cette discipline jusqu'au bout ! Elle *vaut* plus sur Parcoursup. Il faut savoir faire les choix les plus rentables sur le marché éducatif, quoique vous pensiez du système ! Je me demande si l'épidémie de trouble de l'attention et du comportement n'a pas à voir avec cette pression.

Les réformes Blanquer ont aggravé cette tendance dans les lycées, qui ne deviennent plus qu'un vaste parcours de sélection vers l'enseignement supérieur avec des classes fragmentées et surchargées (on y reviendra). Ces changements justifiés par l'individuation des parcours auront transformé le lycée français en profondeur.

J'entends depuis quelques années parler de « Bac-3 », avec comme volonté de faire du lycée une véritable passerelle vers l'enseignement supérieur : un continuum pour mieux préparer les élèves au bac + 3. Les défenseurs de cette vision n'ont pas vraiment conscience que la scolarité, à l'échelle d'une vie, à hauteur d'humain, ne suit pas forcément un grand plan dont on décide les contours, les parties et sous parties à l'avance. Une plongée dans des textes syndicaux de 2013 m'a permis de me souvenir que des enseignantes et enseignants pointaient déjà la solitude derrière l'individualisation des parcours. Les élèves ne s'épanouissent plus, se préparant qu'à rentrer dans la machine où seuls les meilleurs, les plus adaptés, les plus compétitifs (et cela va sans dire, les plus privilégiés) peuvent espérer avoir une place. Et la stigmatisation des échecs devient une forme de violence symbolique en plus de l'échec en lui-même.

L'orientation dans un état désastreux

Les enseignants et enseignantes s'en émeuvent mais qui les écoute ? C'est ce que me racontent les professeurs, des années après la réforme du lycée. Il existe une solitude adolescente grandissante au sein de l'institution scolaire (quand les groupes de classes n'existent plus que quelques heures, les élèves se répartissent au gré des options). Pour Benjamin Quennesson, professeur et membre de l'Association des professeurs de Sciences économiques et sociales, « cette réforme affecte la relation pédagogique. C'est compliqué de les faire travailler en groupe, par exemple, et les classes sont moins dynamiques, les élèves prennent moins la parole. L'ambiance de classe a changé ». La curiosité intellectuelle se révèle moins vivace dans un lycée très tourné vers les notes et l'orientation. Avec un programme aussi chargé que celui des SES, on a pourtant besoin d'élèves motivés… et intéressés, explique l'enseignant.

Au lycée, comme au collège et bientôt à tous les âges, l'éducation et les apprentissages deviennent impossibles à considérer pour ce qu'ils sont : intéressants, utiles, curieux, résistants. Aujourd'hui, les élèves devraient toujours être en train de se préparer à l'échelon suivant : la maternelle prépare au primaire, le CM2 à la sixième… Des programmes de crèche visent à bien préparer les élèves à l'entrée à l'école en travaillant (travaillant !) les compétences langagières. Pourquoi pas, mais on ne peut pas juste parler pour se parler ? Cette philosophie amène des familles à surscolariser la vie de leurs enfants, comme l'expliquent brillamment les sociologues Marie Duru-Bellat et François Dubet dans leur ouvrage *L'Emprise scolaire. Quand trop d'école tue l'éducation* (Presses de Sciences Po, 2024). On perd de vue les apprentissages qui ne seraient pas convertibles en gain scolaire, comme si l'existence des enfants n'avait que la réussite à l'école comme objectif.

Grandir c'est aussi, d'abord, surtout... vivre. Vivre au présent, apprendre au présent et en étant présent à ce qu'on fait. Personne ne peut être à deux endroits à la fois, ni dans deux temporalités : au présent et au futur, c'est un fantasme déconnecté du fonctionnement humain. En croyant faciliter les transitions, le système éducatif prive les élèves de cette temporalité. Et, surtout, au lieu de chercher à mettre en avant des transitions plus faciles : une maternelle accueillante et sans trop d'enjeu scolaire, un collège qui ne se transforme pas en couperet, un lycée dont on peut profiter en explorant les disciplines qu'on aime (puisqu'on les choisit), on a basculé sur les élèves, en plus de la charge de réussir leur parcours, la responsabilité des choix. Quel stress pour tout le monde ! Cela créé un sentiment d'isolement qui fragilise la jeunesse et contribue à ce que se propage l'épidémie de solitude, qui touche tant d'adolescents et qui nous explose à la figure.

CHAPITRE 8

Parcoursup du combattant

En 2025 ma fille aînée passe le bac. Mais avant de m'y intéresser, je dois me pencher sur la gestion de Parcoursup. Malgré des années d'émissions et d'articles sur la question, et théoriquement une bonne connaissance du sujet, je suis lassée à l'avance par le travail qui m'attend. Parce que je n'ai pas envie de corriger des lettres de motivations pour ma fille – j'y reviendrai plus tard – et parce que je pense que les élèves doivent se débrouiller seuls. Je sais aussi que tous les parents qui peuvent mettre le nez dans l'orientation le font. Déceptions atroces, jeunes déçus... C'est l'angoisse au carré. L'angoisse d'être angoissée. Je réprouve aussi de tout mon être les inégalités que ce processus de sélection *parento-tracté* implique. 'ai ma propre idée sur ce qui permet d'aider les élèves dans leur scolarité et travailler avec eux – et pire, à leur place – n'en fait pas partie.

Il nous faut une boussole

Parcoursup c'est une plateforme. Que dis-je, LA plateforme par laquelle les élèves passent pour rentrer dans l'enseignement supérieur. 23 000 formations y étaient proposées en 2024 et de nombreuses informations sur les taux de réussite et les débouchés y sont disponibles. Un outil technique mais qui, comme l'avait été APB (Admission Post-bac) avant lui, a révélé ses limites, ses aberrations et ses injustices.

L'un des reproches fait à cet ancêtre fut la mise en place de tirages au sort pour départager les candidats trop nombreux pour des formations universitaires. En 2017, cela a concerné les études de santé et les licences *en tension* comme les STAPS (sciences et techniques des activités physiques et sportives), le droit et la psychologie[55]. Dès lors, plus personne ne l'ignore : des algorithmes locaux traitent les candidatures. La plateforme Parcoursup « ne fait pas l'analyse des candidatures, elle se charge de les transmettre aux formations pour lesquelles vous avez formulé des vœux ». Parcoursup communique ensuite son classement à chaque candidat[56]. Derrière cette interface gigantesque, une multitude de filtres pour chaque formation combinent des critères comme le dossier scolaire de l'élève, les attendus spécifiques plus ou moins connus, et les capacités d'accueil. Si le but est d'*optimiser* la gestion des candidatures, cela soulève des questions d'accès à l'information et des questions de justice – au niveau individuel (les recours et l'évitement) et collectif.

En effet, Parcoursup est accusé d'accentuer certaines inégalités sociales. Ce système a paru désavantager les élèves issus de milieux défavorisés, même si des mesures ont été prises pour tenter de réduire les écarts comme le fait d'offrir des places priorisées pour les lycéens technologiques et professionnels en BTS et DUT

55. Natacha Lefauconnier, « APB 2017 : le ministère officialise le tirage au sort », *L'Étudiant*, 27 avril 2017.

56. « Comment sont examinées les candidatures ? », ParcourSup, 18 décembre 2024, en ligne.

et d'exiger des taux minimaux de boursiers. Je note que la plateforme évolue un peu tous les ans depuis sa création – ce qui montre à quel point la première mouture était problématique, sans nous dire vraiment si les choses s'améliorent suffisamment.

Une autre façon de jouer

Fini les tirages au sort, mais ce n'est pas pour autant que tout le monde gagne. Le fonctionnement du système a changé. Une bascule s'est opérée. D'abord parce que les vœux ne sont plus classés par ordre de préférence. Enfin… *n'étaient*, car désormais – nouveauté récente – les élèves peuvent à nouveau hiérarchiser leurs choix restés en attente pendant la seconde phase. Résultat ? Côté verre à moitié plein : cela éviterait l'autocensure. On peut demander des filières qui paraissent un peu inaccessibles sans que cela obère nos chances ailleurs. Ce n'est pas rien.

Côté verre à moitié vide : Parcoursup s'en fiche de ce qu'on veut vraiment faire et un vœu de sécurité vaut autant que celui qui exausserait son rêve le plus cher. Un vœu est un vœu. C'est assez contre-intuitif. Les candidats ne sont pas obligés de formuler plein de souhaits mais on prend le risque de ne rien avoir… Cette logique stratégique, imposée dès le départ, installe un stress qui ne fait que monter.

Le classement, port de l'angoisse

Une fois la phase d'affectation lancée, chaque candidat découvre son classement. Souvent, il est à des kilomètres de ce qu'il espérait… et encore plus loin du nombre de places disponibles. Par exemple, il n'est pas rare de se retrouver 400e sur une formation qui n'offre que 35 places. Mais les choses peuvent changer (ou pas) en fonction du comportement des autres candidats. Des *concurrents* peut-être, qui réservent aussi leurs réponses (dire « oui » là où on est accepté et lâcher ses précédents vœux ; garder des vœux en attente sous le coude) en fonction du comportement des autres candidats. Mais pourquoi transformer tous les élèves de terminale générale en stratège de l'orientation ? Comment faire face à tout cela ? Quelle stratégie, encore et toujours, adopter, pour aussi ne pas se sentir perdu et perdant. À quel moment faut-il lâcher ? À l'heure où j'écris ces lignes, et que l'épreuve vient de se terminer, je me rends compte que mon expérience de cette année me servira pour être plus tactique la prochaine fois. Mais bon, je ne joue pas à un jeu vidéo où j'ai plusieurs vies.

Si ce classement ne signifie pas du tout que les candidats seront laissés pour compte à la fin du processus, l'impact psychologique puissant du dispositif sur les individus n'a pas été anticipé. L'objectivation chiffrée crée une pression considérable dépassant le cadre de la plateforme et touchant le ou la jeune, mais également sa famille, ses amis (ces derniers se retrouvant, on l'a dit, en concurrence les uns les autres).

Certains parents, estiment des chercheurs comme Alban Mizzi[57] ou Annabelle Allouch et Delphine Espagno[58], y voient un diptyque validation-invalidation de leur travail éducatif. Je ne vais pas faire semblant de ne pas me sentir concernée par la puissance du jugement scolaire. C'est dur. C'est là que le système montre le plus de failles : la vie ne se résume pas à *admis* ou *recalé*

57. Alban Mizzi, « La gestion émotionnelle de Parcoursup. Une épreuve entre inégalités de ressources et d'incertitudes », *L'Orientation scolaire et professionnelle*, 51/1, 2022, p. 137-162.

58. Annabelle Allouch et Delphine Espagno, *Contester Parcoursup*, Paris, Presses de Sciences Po, 2024.

et pourtant chaque refus sonne comme une déception. L'élève peut être admis dans une formation dont il ou elle ne voulait pas vraiment, se sentir mal de renoncer à un choix, être passé à quelques places de l'admission rêvée, avoir mal vécu les jours d'attente. Les *bons* élèves sont mieux servis, les *moins* bons moins bien mais les surprises sont grandes pour beaucoup car les critères des formations restent opaques.

Un classement, c'est toujours une comparaison. Et ce que cela inflige aux esprits reste largement sous-estimé. Pour reprendre Allouch et Espagno : Parcoursup ne se contente pas d'orienter, il façonne les perceptions[59]. Il transforme parfois un processus éducatif en drame intime, où les perspectives deviennent floues, voire inaccessibles, et où les jeunes peinent à se projeter sereinement. Un psychodrame familial, venant grandement reconfigurer les modes d'anticipation de l'avenir, renforçant l'incertitude, et « confisquant aux usagers[60] leurs capacités à se projeter[61] ».

Tout est sélectif

Ce qui frappe avec Parcoursup, c'est que toutes les formations peuvent être sélectives. Dans celles présentées d'emblée comme telles, les candidats sont classés en fonction de leur dossier scolaire et peuvent se voir refuser l'admission même si la formation dispose de places vacantes. En 2024, près de 85 000 jeunes sont restés sans solution après la deuxième phase, mi-juillet[62].

59. Annabelle Allouch et Delphine Espagno, *op. cit.*

60. Entendez élèves et parents.

61. Annabelle Allouch et Delphine Espagno, *op. cit.*

62. Johan Bescond, « Parcoursup. Quelles solutions pour les 85 000 candidats qui n'ont pas encore reçu de proposition ? », *Ouest-France*, 15 juillet 2024.

Ces formations trient sur les bulletins, les lettres de motivation, les appréciations, ou encore la fameuse « fiche avenir ». Un classement est établi. Si une filière propose 100 places, elle retient les 100 premiers. Mais certains iront ailleurs, et des places se libéreront. Le 101e finit par entrer, et ainsi de suite...

Mais les formations dites « non sélectives » ? En réalité, quand les places sont comptées, il faut bien trancher. Exemple parlant : pour la licence de psychologie à Paris Nanterre, en 2023, près de 10 000 vœux ont été déposés pour... 560 places. On sélectionne donc aussi ici, à partir des mêmes éléments : bulletins, appréciations, lettre de motivation.

Avec ce système, c'est toujours plus tôt qu'on s'oblige ou devrait s'obliger, comme élève et comme parents, à envisager cette sélection. À la préparer. Elle commence dès la classe de première avec le contrôle continu. Et ce pour tout le monde, même quand l'ado ne sait pas ce qu'il ou elle veut faire. Les tensions autour des résultats et la fébrilité des familles se font sentir auprès des enseignants : des notes sont contestées de plus en plus fréquemment. C'est ça, Parcoursup. Difficile de rester serein quand les résultats baissent. Difficile de ne pas être tentés par des cours particuliers pour avoir les meilleurs résultats possibles. Car nous sommes en concurrence avec tout le monde. Sympa, non ?

Par ailleurs, bien que le nombre de vœux à formuler soit libre, la plateforme pousse les candidats à multiplier leurs choix. Le but est de maximiser leurs chances, ce qui revient à donner l'impression qu'il est impossible de se contenter d'un petit nombre d'options. Mais est-ce qu'on choisit ? Et qu'est-ce que *choisir,* quand on est obligé d'ajouter des vœux qu'on n'a pas envie d'obtenir ? Les étudiants finissent aussi par remplir les places disponibles parce que leurs résultats collent, et non pas pour faire les études en fonction de leurs réelles envies et motivations.

Parcoursup s'est amélioré, c'est vrai. La plateforme est plus transparente, les critères de sélection sont disponibles, le nombre de places est publié, connu. La réorientation des étudiants a été simplifiée. Il faut bien un système d'orientation, et cette plateforme, certes imparfaite, tient compte des critiques. Sauf de celles concernant les effets psychologiques que nous venons de décrire et plus encore de la manière dont les individus se retrouvent isolés. Si le diplôme initial tient une place prépondérante dans le parcours des individus, que sait-on des effets à long terme de ce chemin de croix de l'orientation sur la confiance en soi et dans l'enseignement supérieur ? Même sans drames, que sait-on de ce qui s'abîme à travers ces mises à l'épreuve ?

Une liberté bien encadrée

Derrière la façade technique de Parcoursup se cache une logique profondément libérale et très actuelle : c'est au consommateur de faire le boulot. Un peu comme vous, qui êtes désormais responsables de l'achat et de la gestion de vos billets de train, avec toutes les applications nécessaires pour les réserver et les avoir sur votre téléphone. Le système vous place au cœur du processus. Les candidats ne sont plus de simples étudiants, mais des consommateurs (ici d'éducation), qui doivent faire des choix rationnels, optimiser leurs options et gérer leurs *investissements* en termes de temps et d'efforts. Chaque vœu devient une forme de transaction, où l'effort fourni pour se démarquer (à travers les démarches citées précédemment) est censé se traduire par une récompense, un gain : l'admission dans la formation choisie, un bon classement.

Ce modèle dépasse la sélection académique : il impose un cadre où chaque étudiant, tel un acteur sur un marché, doit jouer sa propre carte pour réussir. La compétitivité et la responsabilité individuelle deviennent les moteurs de la réussite, renforçant l'idée que chacun doit être le principal artisan de son parcours. D'une certaine manière, cette marchandisation vise à aligner l'offre éducative avec les exigences d'un marché de plus en plus axé sur l'employabilité et la rentabilité personnelle, plaçant l'individu au centre du système, tout en renvoyant la responsabilité de l'échec (ou du succès) à l'étudiant lui-même, et à ses parents.

L'idée de *méritocratie* ignore de fait les inégalités sociales (en France, la reproduction joue plus qu'ailleurs), mais Parcoursup laboure la précarité émotionnelle des élèves les moins favorisés. Les parents subissent cette pression, devenant coresponsables de la réussite de leurs enfants, en gérant ce parcours *informatico-administratif.* Qui peut rester serein face à ces enjeux ? Cette dynamique crée un environnement où le bien-être des jeunes passe au dernier plan, remplacé par l'angoisse du futur. Futur pour lequel il faut à tout prix se montrer motivé !

CHAPITRE 9

Allez, on se motive !

En cliquant sur un petit onglet, en prenant son courage à deux mains et en mobilisant sa plus grande ambition... trois, deux, un... on se motive, et on tape sa lettre de 15 000 signes. Avec Parcoursup, il ne suffit pas de postuler : il faut aussi se vendre. L'interface ne se contente pas d'organiser l'orientation des étudiants. Il reflète aussi les profondes mutations, souvent inégalitaires, du paysage de l'enseignement supérieur. Pour être bien classé sur la plateforme, il faut être motivé. Toutes les lettres ne sont pas lues (si vos notes suffisent pour une formation universitaire, vous pouvez envoyer une recette de cookies) mais si vous tentez une prépa ou si vous pensez être sur le fil, rédigez une belle missive.

Nous sommes le 21 février 2025, j'écris un petit SMS à mon aînée :

« Dis, tu penses à tes lettres de motivation ? »

De nombreux parents supervisent, voire rédigent celles de leur enfant... Je ne suis pas de ce genre, mais parfois j'aimerais. Si je la relance, c'est parce qu'une amie prof en prépa m'a confié ses craintes à la perspective de ces lectures : entre banalités convenues et formules toutes faites, sans parler de l'IA… l'authenticité se perd. Au passage je note mentalement ce qu'elle me raconte pour le dire à ma grande : « décrire son intérêt pour les disciplines, parler de ses activités extrascolaires ».

J'ai une grande admiration pour ma fille, si intelligente. Je ne vais pas raconter ici ce qu'elle fait de si formidable mais c'est formidable. En revanche, ici, pas de club de sport – ni de sport du tout – ni médailles, ni engagement associatif, ni de passion maxi originale. Je me vois écrire une lettre à son âge : *J'adore sécher les cours pour passer du temps avec mes amis au café, je suis passionnée par la vision de film en VHS avec mes meilleures copines, j'ai récemment appris à rouler des cigarettes.* Me sélectionneriez-vous ? Imaginez la vôtre… vous sélectionneriez-vous ? La lettre de motivation arrive à nous faire douter de ce qu'on est. Pourquoi accepte-t-on collectivement de coller une telle pression aux élèves de terminale ?

On en finit par douter

Que mettre en avant ? « Coucou, je lis plein de livres », ça n'en jette pas des masses dans une lettre (quoique). Et pire encore, pour avoir de *bons trucs* à raconter, il faut s'y coller avant 17 ans. J'ai comme l'impression que ces lettres de motivation, ces orientations, exigent du futur étudiant qu'ils baignent dans un environnement socialement au courant des codes à adopter pour répondre aux exigences normatives des lettres. À leur contenu. Comme si, pour écrire une lettre de motivation, il fallait avant tout être le fruit de sa classe sociale. Il ne s'agit pas seulement d'être motivé. Il faut surtout savoir comment montrer sa motivation – et cela, tous les milieux ne l'enseignent pas.

Et puis au fond, si je renâcle, c'est parce que je trouve l'exercice artificiel, insincère et convenu. Une sorte de sketch. La journaliste Guillemette Faure y a consacré deux chroniques dans *Le Monde*[63]. En 2024, elle caricaturait les parents impliqués jusqu'au cou :

> « Écris ta lettre et on la revoit ensemble. » ; « C'est tout ce que tu as préparé depuis trois mois ? » ; « Qu'est-ce qui fait qu'ils vont te prendre à ton avis ? » ; « Pousse-toi, je vais taper, ça ira plus vite. » ; « Va chercher tes bulletins de l'année dernière pendant que j'écris. » ; « Ah, il en faut une par vœux ! Tu es sûr de vouloir faire autant de vœux ? » ; « Au moins à l'époque d'APB, l'espace à remplir était plus court. » ; « Mon fils m'a juste demandé une relecture. » ; « Sa lettre manquait d'authenticité, ça ne lui ressemblait pas, je la lui ai refaite ».

Et en 2025 elle mettait en boîte les « expériences personnelles » :

> « Ils ont rejoint le journal de l'école en terminale, le club de débat le samedi, ils sont allés faire des distributions de colis à Noël pour le Secours populaire ou tricoter des mini bonnets pour l'opération Noël solidaire des Petits Frères des pauvres. Ils se sont engagés dans des programmes de soutien scolaire de jeunes défavorisés jusqu'à la mise en ligne de leur dossier Parcoursup, et une fois la case "engagement citoyen" cochée ils ont considéré subitement que leurs protégés n'avaient plus besoin d'aide. »

Drôle. Et angoissant à la fois.

Pour avoir assisté une fois à des entretiens d'admission à Science Po, je confirme qu'enchaîner les récits sur les créations d'associations et les engagements des élèves depuis la seconde

63. Guillemette Faure, « Les parents qui écrivent la lettre de motivation de leur enfant sur Parcoursup : "Pousse-toi, je vais taper, ça ira plus vite" », *Le Monde*, 6 avril 2024.

s'avère légèrement ennuyeux et perturbant. Ce ne sont pas les élèves qui sont lassants mais la bêtise du projet. Un peu comme les entretiens où on vous demande d'évoquer votre plus gros défaut (trop *perfectionniste*, évidemment). Car il ne s'agit pas de faire autre chose que de *vendre* sa petite auto-entreprise de soi-même – comme sur LinkedIn où les gens ne parlent que de *rebondir*, d'expériences inspirantes et de *miracle morning*. C'est peut-être déjà dépassé, les modes évoluent vite, et je ne fréquente pas trop cette plateforme : un univers où nous ne sommes que des produits (celui que vend la plateforme). À nous de nous rendre plus faciles à comparer en nous collant à nous même des étiquettes.

Monde du travail en approche !

Car oui, les études s'inspirent du monde professionnel où il faut se mettre en avant pour triompher par comparaison, chanter ses propres louanges, apprendre à gonfler ses expériences, mais quelle superbe finalité pour la scolarité ! Et je pense que les élèves le perçoivent parfaitement. C'est une compétence en soi mais est-ce vraiment ça qui devrait faire la différence ? Quel lien peut-on vraiment faire entre la réussite sportive et l'épanouissement futur dans un cursus universitaire ? Qui sait si ces derniers feront des étudiants assidus, heureux et s'avéreront être de bons camarades ?

Au premier degré, ça me paraît creux et vain. Et au fond, cynique. Si être motivé, c'est adopter l'accessoire du masque utilitaire, on peut parler de cynisme, non ? Quel infâme message éducatif !

Le nouvel esprit du système éducatif

Pour leur ouvrage *Le Nouvel Esprit du capitalisme*[64], Luc Boltanski et Ève Chiapello avaient étudié les prescriptions des manuels de management, ce qu'ils recommandent et déconseillent aux salariés. Il faut être *autonome*, prendre des *initiatives*, *faire la différence*. Dans le langage entrepreneurial, on dit « proactif ». Je retrouve tout cela dans cette idée de faire écrire des lettres de motivation et également dans celle où il faut que l'élève réfléchisse à son orientation dès la cinquième, avec des moments dédiés dans l'emploi du temps. En cinquième, on a 12 ans ! Qui parmi les gens qui prônent ces principes avaient une idée de ce qu'ils allaient faire à cet âge...

Tout ce que la société a renoncé à résoudre (avec, entre autres, un service public de l'orientation mieux adapté et mieux financé ; des formations du supérieur moins hiérarchisées ; davantage de possibilités d'étudier à l'âge adulte et d'évoluer dans son travail) se reporte sur la responsabilité individuelle : il n'y a pas de place pour tout le monde : battez-vous ! La loi du plus fort reconnaîtra les siens. *Le Nouvel Esprit du capitalisme* a mis le doigt sur le paradoxe d'un capitalisme usé, qui compte désormais sur les individus pour en faire toujours plus, pour leur faire endosser le risque d'être leur propre projet, de travailler le *faire-savoir* plus que le *savoir-faire* et de confondre la réussite professionnelle et la vie. L'école, qui n'a plus de promesses à faire aux enfants de notre pays, leur demande donc de penser à leur orientation au berceau et de rédiger leurs louanges.

64. Ève Chiapello et Luc Boltanski, *Le Nouvel Esprit du capitalisme*, Paris, Gallimard, 1999.

C'est pourquoi ce qui pourrait être considéré comme une autonomisation et une responsabilisation est essentiellement perçue comme une augmentation des difficultés à hauteur d'enfants et de parents, voire une aliénation. Il ne faut pas juste *faire*, mais *être*. C'est le nouvel esprit (qui ne date pas d'hier) : être performant, être responsable, être autonome. Adhérer et être partie prenante du projet – alors qu'un nombre grandissant d'individus se perçoit comme perdants de l'histoire (comme en témoigne le nombre d'actions judiciaires liées aux études et à l'orientation)[65].

Alors pourquoi ne rompt-on pas avec cette course en avant ? Pourquoi interroge-t-on si peu les effets de ce marché concurrentiel ? Pourquoi adhère-t-on à cet esprit du système éducatif ?

Ce n'est pas un hasard

D'autant que les adolescents des années 2020 vont particulièrement mal. Les pédopsychiatres notent une augmentation des troubles psy avant le Covid, pendant et ensuite. Les causes sont multiples mais la pression scolaire et le rapport à l'avenir y a sa part. Des élèves doivent consulter des psys car ils n'arrivent pas à y faire face, à encaisser le tourbillon du contrôle continu, de la masse de travail exigé. Les professeurs de lycée dénoncent la lourdeur des programmes. Ils sont si peu entendus.

Une angoisse au jour le jour : avoir des bonnes notes, penser au lendemain, que faire « après », songer à son orientation... Cette pression du résultat circule partout, de l'école aux réseaux sociaux

65. Annabelle Allouch et Delphine Espagno-Abadie, *Contester Parcoursup*, Paris, Presses de Science Po, 2024.

en passant par la maison. Elle investit la totalité de nos sphères, brouillant la frontière entre le public et le privé, colonisant nos esprits[66]. Et, alors qu'on ne devrait pas accepter que nos enfants subissent cela, la société entière appuie sur le champignon.

Pourtant, on peut inventer des réponses

Il s'en invente tous les jours. Il m'arrive de croiser mon prof de philo dans un café parisien où nous avons, par hasard, tous les deux nos habitudes. Avec des collègues, il a inventé dans les années 1990 une classe prépa non sélective. J'ai été admise avec une lettre de recommandation de ma professeure d'histoire-géographie et je peux vous dire qu'ayant passé une partie de mon lycée au Café de la Poste, j'ai senti passer le choc d'exigence. Qu'en ai-je retiré ? Tout. J'ai vraiment fait de la philo, de l'histoire, de l'allemand (une catastrophe !), j'ai lu Shakespeare en anglais et Balzac en français – c'était passionnant. Qu'importe si je suis allée assez vite à la fac : j'avais non pas tant *appris à travailler* – comme on répète souvent – mais appris tout court et développé ma curiosité, non sous contrainte, mais engagée par des enseignants motivés et une camaraderie générale qui me poussait à travailler des disciplines et savoirs qui me plaisaient et à en explorer de nouvelles afin de m'améliorer.

Pour revenir aux lettres de motivation, peut-être que l'intelligence artificielle permettra enfin de supprimer cet exercice absurde. Peut-être qu'on cessera de demander à chaque jeune de simuler la version idéale de lui-même dans un format standardisé, inégalitaire et fatigant pour toutes et tous. Et peut-être

66. David Muhlmann, *Capitalisme et Colonisation mentale*, Paris, PuF, 2021.

qu'on comprendra qu'à force d'exiger toujours plus, on épuise tout le monde : les élèves, les enseignants, les familles. À force de vouloir que chacun se distingue, on oublie l'essentiel : apprendre, grandir, respirer. Et construire avec du sens. Et pourquoi pas ensemble !

CHAPITRE 10

Les étudiants, ça rapporte !

Le paysage de l'enseignement supérieur français connaît une transformation rapide, à bas bruits, loin des projecteurs, et sans que cela scandalise l'opinion. Les établissements privés à but lucratif s'avèrent de plus en plus prisés, comme le privé du supérieur en général : en 2001, on y comptait moins de 300 000 étudiants inscrits, soit 13 % du total. En 2022, ce chiffre a plus que doublé, atteignant près de 770 000 étudiants, soit plus de 26 % de l'ensemble. En 2024, plus d'un quart des trois millions d'étudiants inscrits dans le supérieur seront gérés par le « non-public ». Un record historique[67].

Comme on l'a vu plus haut, le secteur public est sous-financé (58 universités sur 70 ont voté un budget déficitaire pour 2024, pareil en 2025)[68] alors que les besoins en « places »

67. Hendrik Davi, *Avis présenté au nom de la commission des Affaires culturelles et de l'éducation sur le projet de loi de finances pour 2024 – Tome V : Recherche et enseignement supérieur, enseignement supérieur et vie étudiante*, Assemblée nationale, enregistré à la présidence de l'Assemblée nationale le 18 octobre 2023.

68. Amélie Petitdemange et Pierre Petitcolin, « Pourquoi la majorité des universités seront en déficit à la fin de l'année », *L'Étudiant*, 3 décembre 2024.

sont croissants en raison de l'augmentation du nombre d'étudiants. On explique cette hausse par la natalité des années 2000, soutenue par une exigence de diplômes pour de plus en plus de métiers et donc un allongement moyen des études. Voilà qui a constitué et constitue toujours une véritable opportunité pour le marché éducatif. Un marché qui, bien que jamais nommé ouvertement par les décideurs, prospère grâce à un mécanisme propre au néolibéralisme : l'affaiblissement du secteur public.

Il y a pléthore d'écoles privées dans le supérieur ; certaines sont reconnues comme d'intérêt général (les EESPIG[69]). Pour bénéficier de cette qualification, l'établissement doit justifier d'une gestion désintéressée et s'engager sur le caractère non lucratif de son activité. 64 établissements sont reconnus EESPIG – parmi lesquels l'Institut français de la mode, ou l'École supérieure de journalisme de Lille. Puis viens le fameux « hors contrat », où on trouve de tout et n'importe quoi, et surtout des établissements à but lucratif « délivrant leurs propres formations artistiques, commerciales, scientifiques (sans reconnaissance nationale), ainsi que des préparations aux diplômes d'État type BTS » explique le site de l'orientation public Onisep.

Est-ce à cause de Parcoursup ? Dans tous les cas, ces établissements se sont multipliés. L'ancienne directrice de Normale-Sup, Monique Canto-Sperber, en a créé un : Atouts +. D'après le site, le prix est d'environ 10 000 euros (s'il correspond comme indiqué au coût d'un étudiant à l'université) mais varie « en fonction de la situation » de chacun. L'école, comme nombre de ses

69. Établissement d'enseignement supérieur privé d'intérêt général.

concurrentes, a mis en place un partenariat avec des établissements financiers afin que les jeunes puissent accéder à un prêt à taux préférentiel. « La demande d'emprunt est à formuler au moment de l'entretien avec le jury. » Dans une vidéo promotionnelle, elle s'adressait aux étudiants ayant « peur de Parcoursup ». L'anxiété agit comme un moteur pour ces formations, poussant les familles vers des offres privées, plus « attractives et attrayantes ». Sécurisantes.

Il faut dire que les écoles sont très présentes dans les salons de l'orientation et il suffit d'y observer les stands ou de regarder la liste des exposants, il y a beaucoup plus de privé que de public. Les écoles à but lucratif sont des entreprises commerciales. À ce titre, elles savent se vendre. Normal, du personnel y est dédié aux missions marketing ! Elles savent se vendre auprès du public. Mais également auprès des politiques. Et cela fonctionne. Ces entreprises savent tirer parti de l'évolution législative qui, depuis plusieurs années, s'oriente en leur faveur, facilitant leur développement dans un environnement éducatif de plus en plus privatisé. L'éducation devient une marchandise parmi d'autres, et la compétition et la responsabilisation individuelle priment sur l'accès égalitaire à des formations de qualité.

Les frais d'inscription, qui s'élèvent à plusieurs milliers d'euros, sont en partie pris en charge par les cotisations des entreprises et les aides de l'État. Mais les familles doivent malgré tout mettre largement la main à la poche. En effet, l'apprentissage, souvent présenté comme un levier d'accessibilité, ne concerne pas les premières années d'études, et tout le monde ne trouve pas de place. Une étudiante en école de psychomotricité, où l'année coûte 11 000 euros, me confiait avec beaucoup de candeur cette difficulté. Et pourtant, la situation est loin de susciter l'indignation : en janvier 2025, la fermeture progressive de l'école de psychomotricité de Sorbonne Université n'a pas entraîné la moindre réaction officielle, comme le dénonçaient Bruno Riou (doyen de la faculté de santé) et Nathalie Drach-Temam (présidente de Sorbonne Université) dans *Le Monde*[70]. L'apprentissage, présenté comme une solution, reste une carotte qui ne fonctionne pas toujours... et qui coûte très cher à l'État.

La réforme de l'apprentissage

L'apprentissage était censé être une bonne idée. Une passerelle vers l'emploi. La loi « avenir professionnel » voulue par Emmanuel Macron a été adoptée en 2018 « sans passer par Bercy ». L'apprentissage se développe comme une solution pour entrer dans l'emploi. Y compris dans le supérieur. D'après le ministère de l'Enseignement supérieur et de la Recherche, en 2022, 576 300 des 953 600 apprentis suivaient une formation de l'enseignement supérieur (soit 60,4 % des apprentis)[71]. Cette idée, portée par la volonté présidentielle, visait à favoriser l'insertion des jeunes sur le marché du travail. Elle a abouti à une politique hyper volontariste et hyper dispendieuse pour l'apprentissage et la formation continue.

70. Nathalie Drach-Temam et Bruno Riou, Tribune : « La fermeture progressive de l'école de psychomotricité de Sorbonne Université n'a pas soulevé la moindre réaction officielle », *Le Monde*, 7 janvier 2025.

71. Ministère de l'Éducation nationale et de la Jeunesse, « *L'Apprentissage au 31 décembre 2022* » (Note d'information nº 23.35, juillet 2023). Direction de l'évaluation, de la prospective et de la performance (DEPP). Autrices : Aurélie Demongeot, Fabienne Lombard. Directrice de la publication : Fabienne Rosenwald, 2023.

Comme un miroir inversé de celle menée pour l'université. En 2022, déjà, le bilan apparaissait plus mitigé. Des milliards ont été investis dans l'apprentissage sans réelle analyse financière ni contrôle, et sans résultats concrets[72]. Le secteur privé de l'enseignement supérieur s'est engouffré dans la brèche, sentant l'argent public et la jeunesse fragile. Des abus sont apparus, comme des CFA[73] sans infrastructures adéquates, des pratiques de *surbooking* pour toucher les aides, et des jeunes endettés pour cause de contrats annulés. La Cour des comptes a même alerté sur un « gouffre financier ». La nouvelle loi de 2024[74] vient réduire ce dispositif, mais le constat est clair : il aura largement profité au secteur privé qui s'est développé, installé et solidifié.

Qui dit marché dit investissement

De grands groupes privés investissent le secteur de l'éducation supérieure à une vitesse exubérante. L'afflux de capitaux provenant d'industriels et de fonds d'investissement a permis aux écoles privées d'investir massivement dans leurs équipements, leurs locaux et leur marketing. Un nouveau *Far West*, ou plutôt un *Eldorado*. Ces grands groupes privés sont Galileo Global Education, Eduservices, OMNES Education, Ionis Education Group et Compétences et Développement, entre autres.

---

72. Alexandra Schwartzbrod, « Enseignement supérieur : les milliards dévoyés de l'apprentissage », *Libération*, 23 novembre 2022.
73. Centre de formation d'apprentis.
74. « Aide à l'embauche : fin du dispositif pour les contrats de professionnalisation au 30 avril 2024 », Service-Public, 10 janvier 2024.

Ils rachètent, ils fusionnent, ils créent, et changent de nom dans un tourbillon de sigles. D'après les experts du secteur, le modèle économique de ces établissements s'avère particulièrement attractif pour les investisseurs. Cela s'explique par des coûts d'investissement relativement faibles, la possibilité d'optimiser les dépenses et les généreuses prises en charge des frais de formation dans le cadre de l'apprentissage, grâce aux deniers publics – on l'a dit. Enfin, les étudiants constituent une formidable clientèle car ils s'engagent pour plusieurs années conférant ainsi une visibilité très appréciable des investisseurs aux marchés.

Des enquêtes, comme celle de Marie Piquemal à *Libération* dès 2023, ont montré l'ampleur des sommes mobilisées pour aider l'apprentissage et quelques errements pédagogiques très angoissants[75]. L'apprentissage est devenu un canal, une passerelle vers les écoles privées. Comme un moyen de rendre le secteur payant accessible et de faire des études un monde lucratif : les étudiants sont payés (grâce à des aides aux entreprises) une partie du temps. Ils ont donc plus d'argent à consacrer à leur formation si elle est payante. Cercle étrange et vicieux.

Les écoles peuvent placer des apprentis grâce à la certification Qualiopi, mais cette dernière ne fournit aucun gage de qualité pédagogique. Des questions aiguës se posent sur la qualité des formations proposées, leurs coûts pour les familles et la valeur des diplômes délivrés par des écoles qui poussent comme des champignons. Au fur et à mesure, des étudiants déçus témoignent de ce qui ressemble à des miroirs aux alouettes : cours en distanciels, faible accompagnement, diplômes en carton. En effet

75. Marie Piquemal, « Apprentissage dans le supérieur : les dérives d'une "réforme open bar" », *Libération*, 23 novembre 2022.

certains établissements jouent sur la confusion autour de la notion de diplôme. Or un « diplôme d'état » n'équivaut absolument pas à un diplôme universitaire et sa valeur est toute relative, et en tout cas pas nationale. Seul le ministère de l'Enseignement supérieur, de la Recherche et de l'Innovation (MESR) peut délivrer des visas ou des grades, le ministère du Travail des titres au registre national des certifications professionnelles (RNCP). Ces certifications sont délivrées par le ministère du Travail sur des critères de taux d'employabilité, et non de niveau d'étude.

Si en France on n'a pas le droit de parler de steak végétal (ce n'est pas de la viande, mais qui se trompe ?), des écoles utilisent *bachelor*, *grade master*, mastère (c'est celui qui me fait le plus rire, je trouve ça tellement cynique) ou des acronymes qui font sérieux. Les écoles jouent sur les termes, les étudiants se font avoir (et on ne parle pas d'un steak au soja mais de dizaines de milliers d'euros et d'années perdues pour des jeunes gens). Les écoles le savent très bien. Un rapport de la Direction générale de la concurrence, de la consommation et de la répression des fraudes (DGCCRF) publié en décembre 2022, indique que 30 % des écoles privées (contrôlées) ont des pratiques trompeuses. Pire encore, des écoles ont mis la clé sous la porte en laissant leurs élèves en plan. Des intitulés mensongers. Des fausses promesses. Des termes utilisés sans autorisation. On vous fait croire à un master. À une licence. Mais on vous vend une illusion.

L'État français (nos impôts) a donc balancé des milliers et des milliers d'euros par la fenêtre, et hypothéqué l'avenir pour des jeunes qui, souvent, viennent de familles populaires, éloignées de la culture scolaire, pour qui ces dépenses sont de véritables sacrifices financiers. Ces arnaques sont aussi méprisables qu'insuffisamment médiatisées. Pourtant, une mission parlementaire d'information sur l'enseignement privé à but lucratif s'est attelée à un état des lieux du secteur. Le rapport a été publié en octobre 2024. On y qualifie le marketing de ces écoles d'efficace, offensif et parfois trompeur. On comprend que les acteurs du secteur entretiennent une illisibilité de l'offre qui impressionne les familles et les étudiants et les embrouillent (un peu comme sur l'attitude à trouver avec son bébé...).

Le formidable livre *Le Cube* de Claire Marchal[76], montre à quel point un groupe comme Galiléo sacrifie la qualité des enseignements sur l'autel du profit, toujours scruté de près, et renouvelle sans cesse ses offres. Les familles sont perdues et ont logiquement envie de croire aux promesses. Il semble y avoir des formations miraculeuses, chaque école vous expliquant qu'elle est la meilleure. Les études sont vendues comme une manière de se réaliser, de se trouver. Un bon investissement, donc ? Vous êtes devenus des consommateurs. Et comme avec les crèmes de beauté, les allégations n'engagent que ceux qui y croient (aucune crème n'évite spécifiquement les rides, contentez-vous de vous hydrater la peau, les compléments alimentaires ne servent à rien, c'est prouvé). Mais là ce n'est pas une arnaque à la beauté, c'est une arnaque à l'avenir. Qui engage tellement plus que de l'argent.

---

76. Claire Marchal, *Le Cube. Révélations sur les dérives de l'enseignement supérieur privé*, Paris, Flammarion, 2025.

Il faut montrer l'exemple…

Les politiques ne font pas forcément la fine bouche puisque attirer ces écoles sur les territoires est un enjeu pour les élus. Les établissements du supérieur peuvent en effet contribuer à l'attractivité et au dynamisme économique local, un étudiant réinjectant en moyenne entre 650 et 700 euros par mois dans l'économie locale[77]. Et puis les écoles soignent leur relation avec le monde politique avec une méthode bien connue : le pantouflage !

Le « pantouflage » d'anciens ministres vers les groupes privés de l'enseignement supérieur montre ce que le développement du secteur privé doit au *lobbying*. Si les régulations manquent, c'est peut-être parce que ce secteur économique est trop lié aux milieux politiques. Peut-être parce que le marché est trop intriqué avec le politique.

L'exemple le plus fou est celui de Muriel Pénicaud, ancienne ministre du Travail, qui a rejoint le conseil d'administration de Galileo Global Education en novembre 2022. Cette nomination a soulevé des questions sur les potentiels conflits d'intérêts, étant donné que Pénicaud est à l'origine de la loi de 2018 qui a transformé le paysage de la formation et de l'apprentissage en France. Que ce soit possible est en soi un scandale. La Haute Autorité pour la transparence de la vie publique a d'ailleurs émis un avis « de compatibilité avec réserve » concernant cette reconversion. Avis totalement consultatif[78].

---

77. Juliette Le Chevallier, « Le marché des études supérieures, un business rêvé pour les investisseurs », *Alternatives économiques*, 16 octobre 2024.
78. Kira Mitrofanoff, « Pénicaud, Pepy, Hirsch, les recrues très sélectes de Galileo Education », *Challenges*, 30 novembre 2022.

Et Galileo ne s'est pas arrêté là. L'entreprise a également recruté Martin Hirsch, ancien directeur de l'AP-HP, comme vice-président, et Guillaume Pepy, ex-patron de la SNCF, à la présidence du conseil de surveillance de la business school EM Lyon[79]. Jean-Michel Blanquer, ancien ministre de l'Éducation nationale, est un énième exemple emblématique de « pantouflage » dans l'enseignement supérieur privé. Depuis son départ du gouvernement, il a rejoint *Terra Academia*, une association qu'il préside et qui est financée par Véolia, Dassault et Manpower[80]. Dans une interview au Figaro[81], il assume pleinement sa reconversion : « J'en suis fier ! Il est extrêmement souhaitable que ceux qui ont des charges publiques aient d'abord eu des responsabilités dans la vie professionnelle ». Antoine Frérot, PDG de Véolia, s'est réjoui quant à lui d'avoir recruté un tel profil et diversifie son offre avec des « campus territoriaux » dans plusieurs villes comme Arras, Deauville et Paris pour « proposer des formations sur la transformation écologique ». L'association prévoit notamment de créer un *bachelor* « pas cher » à l'horizon 2025, et collabore déjà avec des établissements comme l'Essec (dont Blanquer a été le directeur), l'Institut Mines-Télécom et plusieurs universités. Ces dernières, qui manquent de fonds…

79. *Ibid;* Voir aussi « Emlyon business school : nomination de Guillaume Pepy à la présidence du conseil de surveillance et confirmation de l'augmentation de capital », *Emlyon*, 23 novembre 2022.
80. Mathilde Goanec, « Privatisation de l'enseignement supérieur : des "pantouflages" emblématiques », *Mediapart*, 22 juillet 2023.
81. Jean-Michel Blanquer et Antoine Frérot, « Avec Terra Academia, nous partons à la reconquête de notre propre territoire », *Le Figaro Étudiant*, 15 octobre 2024. Propos recueillis par Eloi Passot.

Malgré les critiques et les appels à la régulation, le secteur semble promis à un avenir florissant. L'internationalisation des groupes français, la consolidation du marché et le développement continu de l'apprentissage sont autant de tendances qui laissent présager une croissance soutenue dans les années à venir.

CHAPITRE 11

Prends ton téléphone et va réviser !

Il est 18 h 30 environ ce 4 mars au Centre Pompidou. Un petit groupe disséminé sur la terrasse du cinquième étage cherche à capturer la beauté du ciel alors que le soleil se couche sur la capitale. Une jeune femme sonne le rappel. Nous rentrons assister à la présentation #ApprendreAvecTikTok, à laquelle nous sommes quelques journalistes invités, après une sympathique visite guidée de la collection d'art moderne et contemporain. J'ai croisé des collègues mais le gros des participants est constitué de jeunes vidéastes qui publient des contenus en rapport avec les savoirs. Savoirs que veut désormais mettre en avant la plateforme.

Tel un slogan, le *hashtag* à suivre est à répéter : #Apprendre AvecTikTok. Il faut croire que l'entreprise mise beaucoup sur ces vidéos qu'on nous décrit comme plus longues (le format d'origine étant d'une poignée de secondes) et de *meilleure qualité*. Des exemples sont donnés pour preuve, et sur le powerpoint animé qui accompagne l'exposé des cheffes de projet chargées des contenus, nous voyons défiler une amusante vidéo de France Culture sur les erreurs historiques dans le film *Napoléon* de Ridley Scott. La présentation regroupe des éléments dont j'avais pris connaissance dans les communiqués de l'entreprise en 2024 avec, comme souvent à l'oral, la répétition *ad nauseam* de l'expression « je vous partage ». Nonobstant cette réserve toute personnelle, le moment s'avère sympathique et intéressant.

Si on en croit TikTok, ces contenus fonctionnent : les vidéos plus longues captivent le public. Tant mieux, le but est quand même de garder les gens sur la plateforme le plus longtemps possible. C'est ce qui rapporte de l'argent à la boîte puisqu'entre toutes ces vidéos, il y a des pubs justement réglées sur l'algorithme ajusté à nos préférences.

TikTok ami·e du savoir

On peut y voir le sauvetage d'une marque en mal de publicité positive. Rappelons simplement que les enjeux sont essentiels : les savoirs constituent un axe de développement pour une entreprise qui a une mauvaise image : celle de coller les ados à leur portable, abîmer leur attention et diffuser des vidéos problématiques.

Deux jours après la présentation on apprenait que quatre nouvelles familles allaient assigner le réseau social en justice en plus des sept qui l'avaient fait en novembre. Les faits reprochés sont graves : la plateforme n'aurait pas modéré des contenus en lien avec le suicide, l'automutilation et les troubles alimentaires. Deux adolescentes de 12 et 16 ans ont mis fin à leurs jours [82]. Ne *pas modérer* ne revient pas seulement à laisser passer des contenus

82. David Di Giacomo, « Accusations d'incitation au suicide : quatre nouvelles familles vont assigner le réseau social TikTok en justice », *France Info*, 6 mars 2025. Parmi ces assignations en justice, deux concernent des jeunes filles de 12 et 16 ans qui ont mis fin à leurs jours. Au total, ce seront donc onze familles qui reprochent à la plateforme de ne pas avoir modéré des contenus en lien avec le suicide, l'automutilation et les troubles alimentaires.

douteux mais à enfermer l'individu dans une boucle répétitive qui lui présente toujours le même genre de vidéos. Extrêmement problématique quand on est sujet·te aux idées noires. Ce phénomène se reproduit pour tous les publics et sur toutes les plateformes, parce qu'il constitue le principe même des réseaux sociaux !

Pas étonnant que pour tenter de faire oublier tout le mal qu'on dit d'elle, la plateforme chinoise prenne le contrepied et cherche à lustrer son image. Quoi de plus beau que la science et sa diffusion ? Quoi de plus beau que l'éducation ? Ainsi depuis 2024, le réseau s'emploie à mettre en avant des contenus « Sciences Technique Ingénierie et Mathématiques ». Le fil s'appelle STEM : on est loin de l'engouement sur les produits de beauté et les chorégraphies, mais ça marche. De plus, ces vidéos – avance l'entreprise – sont vérifiées pour garantir leur qualité[83]. Les contenus STEM représentent une part croissante du temps passé sur la plateforme.

La tactique a d'ailleurs déjà fonctionné. Naguère le *#BookTok* était en vogue, des contenus portés par des lectrices enthousiastes dont les médias se sont largement fait l'écho. Qui voudrait détester une plateforme qui fait la promotion de la lecture auprès des jeunes ? BookTok est devenu un enjeu pour les éditeurs et dans les lancements lecture jeunesse, les invités influenceurs sont plus nombreux que les journalistes. TikTok signera-t-il un jour des partenariats avec des universités ou des éditeurs scolaires ? En tout cas, cela fait longtemps que des alliances sont scellées avec le monde du livre.

83. « Le fil d'actualité "STEM" arrive en France et en Europe. Sciences, technologies, ingénierie et mathématiques, un nouveau fil de contenus 100 % éducatif ! », *TikTok*, 2 avril 2024.

Aujourd'hui, ce sont les révisions à proprement parler qui font leur place sur les réseaux. Depuis 2022, le *#Studygram,* sur Instagram, permet de trouver les contenus « révisions » pour des lycéens et des étudiants. Des méthodes pour s'organiser dans son travail, pour faire ses fiches. Parfois il s'agit même de vendre des cahiers de méthodes.

L'école face aux plateformes

Retour à ma petite soirée. J'ai pris le temps de discuter avec les jeunes créatrices et créateurs dont certains ont acquis une notoriété conséquente comme *Mathildestudy*, *Ange-Réussite* et Le *Prof de la calle.* Comme beaucoup d'ados, mon fils adore Le *Prof de la calle* (qui crée des problèmes de maths basés sur le foot ou le rap et la pop culture). Sur le moment, j'ai furieusement envie de conseiller à mes enfants d'aller sur TikTok suivre tous ces comptes si intéressants. Il y a tant de bons conseils à glaner pour écrire nos lettres de motivation, s'organiser... Je me dis que si ça vient des réseaux, ça leur plaira davantage que de merveilleuses idées émises par leur vieille mère. C'est d'ailleurs exactement la stratégie que déploie TikTok : vos enfants passent six heures par jour le nez sur les écrans mais ne vous inquiétez pas, on leur parle vecteurs et fiches de révision ! Nul ne sait si c'est efficace, on ne dispose pas d'études sur le sujet, mais c'est bien joué. Si on écoute ce qui est dit – et c'est habile – les plateformes ne promettent pas vraiment d'apprendre en s'amusant mais plus de s'amuser en réfléchissant. Ou de se distraire en regardant des contenus liés aux savoirs, et se cultiver.

Mais comme sur tous les sujets pour lesquels on cherche à se faire aider en ligne, la cacophonie règne. Regarder mille personnes vous expliquer mille façons de faire des fiches n'apprend pas à faire des fiches. Ni à faire des fiches qui vous conviendront. Et encore moins à savoir si les fiches sont l'outil qui vous convient pour réviser.

Il y a de quoi être perdu

Sur tous ces réseaux sociaux, on se parle, on échange, on raconte sa vie. Certains pensent qu'ils nous isolent et sont responsables du mal-être des jeunes, mais ils permettent aussi de créer des liens, de voir des gens comme nous : par exemple des étudiants en lettres, en histoire, en sciences politiques ou en mathématiques qui racontent leur quotidien à l'université ou l'école. Cette dimension *sociale* nous donne le sentiment d'être moins seuls et nous permet de voir et de rencontrer virtuellement, et parfois dans la vraie vie, des gens qui nous ressemblent.

N'est-ce pas, en creux, le symptôme d'une école qui va mal ? Car je crois aussi qu'on trouve sur les réseaux des choses qu'on cherche dans la vraie vie. Une école qui répondrait aux exigences de la coopération, de l'éducation par l'inclusion et l'émancipation, promouvant une critique des structures de pouvoir et valorisant la diversité, permettrait d'éviter cette échappatoire souvent recherchée par les élèves. De plus, on peut appréhender les réseaux sociaux (comme TikTok), comme une manière d'apprendre autrement : une éducation libre, gratuite, accessible à toutes et tous, sans les barrières financières et compétitives de l'école dépeintes jusqu'ici. On s'y affranchirait de la standardisation des savoirs, de la marchandisation des compétences. Et les élèves s'orienteraient peu à peu vers une autonomie favorisant la collaboration et le partage de connaissance.

Formidable, non ?

Mais c'est ignorer la prédation phénoménale sur laquelle repose le secteur de la tech. Notre apprentissage est une donnée, démultipliée et réutilisée pour nous proposer un contenu aux apparences spontanées mais bel et bien destiné à activer le circuit de récompense de notre cerveau. C'est finalement l'apprentissage au service du marketing. De véritables « niches »[84] de communauté qui intéressent les marques (les fameux partenariats commerciaux), touchant « une audience réduite mais plus concernée »[85]. Il y a une donnée qu'on oublie si facilement quand on est aspiré dans nos bulles : « si c'est gratuit, vous êtes le produit ». D'ailleurs, depuis que je m'intéresse aux études sur les influenceurs, je suis assommée de publicités pour acheter des fiches de révision, des méthodes de travail… alors que j'ai obtenu mon dernier diplôme au XXe siècle !

Cette ambivalence des réseaux est parfaitement illustrée par Angélique Gozlan, docteure en psychopathologie, psychologue clinicienne, lors d'une audition au Sénat[86]. Elle souligne que l'utilisation des réseaux relève de ce qu'on appelle le *pharmakon*. En gros, cela peut être bénéfique ou nuisible, selon le dosage. Ou encore, cela répond à certaines attentes, mais en crée de nouvelles. Les ados sont aujourd'hui en proie à une réelle perte de confiance (ou plutôt ne l'ont jamais trouvé) et ressentent un besoin social et « identitaire » face au vacarme socio-écolo-

---

84. Selon les mots employés par Pauline Ferrari, dans son article « Sur les réseaux sociaux, les révisions deviennent instagrammables… et anxiogènes ? », paru le 11 décembre 2023 sur Usbek & Rica.

85. *Ibid.*

86. Commission d'enquête sur l'utilisation du réseau social TikTok, son exploitation des données, sa stratégie d'influence.

militaro ambiant. Le Covid ayant eu des conséquences sociales dévastatrices (qu'il s'agit encore d'analyser), la *jeunesse* – disons les jeunes du brevet aux études sup – retrouve dans les réseaux sociaux les ami·es de la *vraie* vie, et s'en fait même d'autres. Utiliser TikTok revient à sociabiliser mais également à trouver son identité, par la mise en image, l'appel du regard des autres, et en ce qui nous concerne : trouver des idées pour son futur professionnel (*s'orienter…*). Car la vie professionnelle aussi s'est digitalisée (et se digitalise) : les cuisiniers sont sur les réseaux, les kinés, les avocats, les profs !

Mais les conseils de tous genres, avec Studygram et StudyTok, peuvent prendre des allures de compétition, amenant une anxiété de la productivité puisque les gens qui les prodiguent paraissent super forts. Et ce grand élan d'extraction du néolibéralisme par des modes alternatifs d'apprentissage se liquéfie…

Or, si les contenus « savoirs et révisions » ont envahi les espaces numériques, c'est parce que les enjeux liés à la scolarité et l'orientation occupent une place toujours plus importante dans la vie des adolescents. Il est logique que cela devienne une part de marché. Un marché qui a donc… tout intérêt à maintenir cette vague inquiétude qui tourne autour du travail scolaire avec un flot de conseils disparates !

Comme dans le labyrinthe aux miroirs de la fête foraine, on se perd, on se voit mille fois reflété, toujours un peu différemment. On se retrouve seul dans un dédale dont la sortie est introuvable, mais c'est drôle. Ce côté amusant accroche notre attention et nous donne du plaisir mais il n'a rien à voir avec l'exigence du travail scolaire. Le plaisir apporté par l'étude, la concentration, l'effort, est mille fois supérieur mais nous savons tous combien il est difficile à trouver. D'autant plus que les capacités d'attention s'abîment dans les réseaux. Vous en avez sans doute fait l'expérience.

Enfin, comme le note Angélique Gozlan, « les pratiques des adolescents sur les réseaux sociaux ne peuvent se penser sans examiner celles des parents »[87] qui, eux aussi, sont peut-être dans leur bulle de filtre. La même bulle qui flatte leurs propres angoisses. Et les parents ont souvent une capacité à connaître la vie numérique très limitée de leurs enfants.

Pire, le fait de savoir que le flux d'informations contradictoires nous désoriente et nous épuise n'a pas vraiment d'effet. Comme le note Callie Holtermann dans un article du *New York Times* sur le délire des modes vestimentaires – *quiet luxury*, *lady like* ou que sais-je s'enchaînent comme la *trend* du moment, à rythme effréné – sur TikTok, intitulé *Trop de tendances !*, les jeunes « sont conscients, parfois douloureusement, que leurs insécurités sont exploitées au profit d'autrui. Mais cette prise de conscience ne garantit pas la libération. Comprendre les mécanismes en jeu ne signifie pas toujours pouvoir y échapper, même si beaucoup s'y efforcent.[88] »

Savoir que c'est stupide mais ne pas tout à fait pouvoir s'abstraire de cette influence connectée, voilà ce qui se joue pour nous tous avec les réseaux. Ces derniers captent notre attention, attisent nos besoins de consommer notre estime de nous-mêmes.

87. *Ibid.*
88. Callie Holtermann, « Too Many Trends », *New York Times*, 12 mars 2025.

CHAPITRE 12

Le marché de l’anxiété

Si ça marche c'est injuste, si c'est inefficace c'est une énorme arnaque.

La station porte un beau nom historique : Front Populaire. Je m'y engouffre après avoir assisté à une conférence sur le tout nouveau Campus Condorcet, pôle de recherche en sciences humaines et sociales. Au fil des nombreux arrêts, je discute avec mon compagnon de voyage, spécialiste de la communication dans l'enseignement supérieur. « J'écris sur les *coachs* », lui confis-je. « C'est drôle, un ado de ma famille a fait appel à une coach et c'est fou ce qu'elle a proposé ! Des tas d'écoles d'ingénieurs, mais rien dans notre région, rien dans notre ville, Nantes. Heureusement que je suis bien informé ! » me dit-il en rigolant. En effet, pas besoin d'aller à Brest ou à Lille quand on vit à Nantes. La capitale des Pays de la Loire compte toutes les formations possibles. Où cette coach va-t-elle pêcher ses infos ? Mystère. Mais surtout, peut-on faire confiance aux coachs ? Connaître les formations, c'est pourtant leur job ! Difficile de savoir combien sont compétents. En tout cas la profession de conseiller en orientation a le vent en poupe. Le stress, alimenté par le sentiment que les places sont chères, que Parcoursup nécessite des compétences spécifiques, et la rédaction des lettres de motivation ont porté le marché. Les chiffres qui circulent sont de + 63 % entre 2015 et 2020 avec une augmentation annuelle de 12 %[89], de quoi donner des idées de reconversion !

Ligne 12, plus au sud. Je me trouve au Salon de l'Éducation. Les stands qui m'entourent me dépriment, j'ai fini de ramasser des brochures d'écoles aux sigles alambiqués et de parler aux étudiants, alors je vais écouter la coach qui donne une conférence en ce dimanche de janvier. Elle semble avoir des tonnes de réponses aux questions et renvoie une impression de grande compétence. Rassurante, elle dédramatise les enjeux, rappelle que les passerelles entre les formations se sont multipliées, met en valeur les formations publiques et gratuites et ne semble pas là pour appâter le chaland. Elle fait ainsi une excellente publicité au métier. Pendant cette séance instructive, je prends acte que le nombre de formations est si important et la crainte de se tromper si forte qu'il faudrait payer un ou une professionnel·le pour éviter de se fourvoyer. Tellement compréhensible, eu égard à l'importance du choix des études en France – le poids du *diplôme initial*, en jargon éducatif – et du pedigree scolaire. C'est bien davantage qu'un mot, ce *choix*. Il s'agit de bien négocier un tournant de la vie adolescente, déterminant pour tout le reste l'existence. Il faut donc se diriger dans la bonne direction, défiler à l'envi la métaphore routière avec ses grands carrefours à anticiper (Parcoursup) et ses sorties de routes à éviter. Ce ne sont pas seulement ses études qu'on orienterait mais son *destin*.

89. Diego Torraca, « Le marché du coaching : analyse et explication », *Linkup coaching*, 15 janvier 2023.

Le coach sait mieux lire les cartes ? Je n'en suis pas si sûre. Mais il n'y a que des mauvaises réponses à cette question : si le coach peut donner des informations ou les traduire parce qu'elles sont illisibles – et surtout parce que les conseillers d'orientation sont trop peu nombreux, et indisponibles – c'est que rien ne va.

Le métier a bonne presse. C'en est affolant. Mon moteur de recherche fait défiler les articles de la presse régionale vantant l'ouverture de telle ou telle activité de coach, saluant l'entreprise de tel ou telle se lançant dans la région. Les titres de la presse locale témoignent d'une totale normalisation de l'activité : « Coaching scolaire, entreprise et cours de math, un beau programme » (*Midi Libre*, 7 février 2025) ; « Andernos-les-Bains. Coaching scolaire, un sérieux atout dans la manche des étudiants », *La Dépêche du Bassin*, 5 février 2025) ; « Coach en orientation : “Parcoursup est aussi stressant pour les jeunes que pour les parents” » (*Le Télégramme*, 26 janvier 2025) ; « Torigny-les-Villes. Ancienne professeure, Marie Deshaies coache les élèves », (*Ouest France*, 31 octobre 2023) – on dirait qu'on fête l'ouverture d'une nouvelle boulangerie !

Mais le coach est plus qu'une *vraie* personne avec qui échanger : une professionnelle qui vous considère comme quelqu'un qu'il faut faire réussir et qui vous fait des promesses. Ce que les enseignants de lycée général, avec leurs 35 élèves par classe, n'ont pas suffisamment le temps de faire, et encore moins individuellement.

Le marché de la promesse

La première de ces promesses du coaching, c'est de s'occuper sérieusement de vous. On y retrouve vite derrière l'idée de *mieux réussir*, car il s'agit simplement d'entretiens qui cernent les envies et les ambitions des candidats. Ce dont parlent les jeunes, c'est d'écoute et de soutien… mais… ça ne serait pas un peu la fonction de l'entourage ? Ou alors c'est un peu comme avec les conseillères pour le sommeil des bébés… La mère et le père ne sont pas compétents car pas assez informés, c'est trop compliqué. Tout est *trop compliqué* pour les parents ignorants et surtout tout va aller beaucoup mieux s'ils payent… comme sur tant de sujets, pour mettre toutes les chances de leur côté pour une opération qui en vient à être considérée comme une mission impossible.

La question du prix se pose également. D'après ce que je lis, ils s'étalent d'une petite soixantaine d'euros à plus de 100 euros de l'heure – et il s'agit de se voir plusieurs heures. « Abusé », comme disent les collégiens (ou moi, dans un cadre familier). Enfin ça dépend pour qui. Pour des parents qui travaillent beaucoup, il s'agit d'un service comme un autre… Et qui suis-je pour juger, moi qui ai eu le temps de relire une à une les lettres de motivation de mon enfant ?

Je suis aussi quelqu'un qui trouve tout ça bien trop coûteux pour mes moyens financiers. Je m'étonne de voir autant d'argent sortir des poches d'un nombre croissant de familles. Mais il faut dire que nous sommes toutes et tous bien travaillés au corps, ou plutôt à l'esprit avec ce discours anxiogène autour de l'éducation.

Je reviens à ma revue de presse. Je trouve une pépite dans *Le Figaro Étudiant* du 24 janvier 2024 : « J'ai déboursé 1 740 euros et mes enfants ont décroché leur premier vœu sur Parcoursup ». Cet article semble tout entier écrit pour nous encourager à payer. Et il me pose un sérieux problème. C'est scandaleux si c'est vrai : si les coachs ne sont pas efficaces, c'est l'arnaque. S'ils le sont, ils posent de sérieuses questions en termes d'égalité des chances. Je ne pense pas que *Le Figaro* ou ses lecteurs en soient très émus.

Dans cette petite recherche en ligne, je prends aussi quelques secondes pour poser la question à ChatGPT : quid du coaching ? Je trouve intéressant de consulter parfois les réponses « 100 % banalités » de l'IA qui résument l'opinion la plus générale sur un sujet. Et voici le paragraphe critique sur le coaching d'orientation :

> « Ces coachings privés creusent un fossé avec le rôle des services publics d'orientation, dont les moyens sont limités. Si les lycéens les plus favorisés peuvent bénéficier d'un accompagnement personnalisé et d'un accès privilégié à certaines informations, les autres devraient "se contenter" des ressources collectives mises à disposition dans les établissements. »

J'apprécie beaucoup le conditionnel car on n'est pas complètement sûr, toutes choses égales par ailleurs (catégories sociales, notes, etc.), que les coachs permettent de mieux réussir. Mais la profession a tout intérêt à ce que les classes sociales dominantes aient conscience de l'injustice et des inégalités que ces formations payantes impliquent. À un « meilleur » pour son enfant, souvent individualisant, à visée productiviste, exclusif et reproducteur d'inégalité, les coachs répondent par la distinction volontaire. Cela rassure les parents.

Si vous avez les moyens, de quel côté de l'injustice avez-vous envie d'être ? Même si vous trouvez ça limite par rapport à vos principes, ne feriez-vous pas le maximum pour la réussite de votre enfant ? Et puis pour être honnête, déléguer toutes les discussions qui concernent Parcoursup, c'est tentant non ? En tant que parents de ma catégorie sociale et étant donné mon style de parentalité, je pense que je me sentirais coupable puisque je peux le faire moi-même... la même culpabilité fait payer d'autres parents qui pourront se dire « j'ai fait le maximum » pour mon enfant.

Le consentement à payer

Qu'en est-il de la qualité de ce qu'on paye ?

Il me paraît difficile de faire une étude randomisée sur des *coachés* et *non coachés* aux profils similaires... On n'aura jamais la réponse. La sociologue Anne-Claudine Oller, qui a écrit un ouvrage de recherche sur le coaching scolaire[90], note un fait qui devrait quand même nous interpeller fortement : les coachs se sont eux-mêmes trompés dans leur propre orientation. Le coaching, c'est par excellence le boulot de ceux qui n'en peuvent plus de leur travail. Ainsi on trouve d'anciens cadres, d'anciens profs, qu'on pourrait parfois considérer comme insatisfaits par un travail provoquant une perte de sens, dégoûtés par un système qu'ils n'ont potentiellement pas nommé. Ils décident alors de s'investir dans un nouveau marché qu'ils peuvent juger bon.

Cette affaire nous amène à une autre promesse : la réalisation de soi. C'est le sous-titre du livre d'Anne Claudine Oller. Bien sûr, passer par un professionnel à l'écoute peut aider à se comprendre et à affiner son projet. Même moi je suis persuadée que ça peut être bénéfique. Se trouver, se réaliser, réaliser son potentiel, être soi-même, voilà bien ce que nous demande la société capitaliste. En façade, car tout le monde s'en fiche en vrai.

Ce que recouvre ce *bullshitt,* c'est que, une fois de plus, vous êtes responsable de faire ou non les bons choix et ceux qui vous correspondent. Les conditions d'études, les places disponibles, les sous-financements de la fac, la manière immonde d'insérer les jeunes sur le monde du travail par une précarité sans cesse rallongée ne sont pas un problème : le problème c'est que VOUS n'aurez pas

90. Anne-Claudine Oller, *Le Coaching scolaire. Un marché de la réalisation de soi,* Paris, PuF, 2020.

été capable de faire les bons choix. Ramener les conséquences destructrices du manque de perspective sur le marché du travail à la simple cause du problème personnel est individualisant, et simplement faux. Et par souci de résoudre ce problème *personnel*, par peur de *vous* tromper, vous êtes prêt à payer des gens pour vous aider à savoir ce que vous voulez. Superbe mécanique, bien huilée et efficace.

Et, à propos de mécanique, il faut aussi s'intéresser à ce qui se trame, parfois, derrière les *bons* conseils. L'entreprise de coaching *Ton avenir*, spécialisée dans le conseil en orientation scolaire, a carrément un accord « exclusif » avec la Fédération de l'enseignement privé. Comme le *fast track* à l'aéroport, vous n'êtes pas dans la même file d'attente. La vôtre est beaucoup moins chargée. Scandale absolu : à la fois pour les clients de ces coachs qui n'ont pas accès à des informations impartiales et vont être dirigés vers des filières de qualités discutables, sans recul. Et injustes pour tous les autres qui n'ont pas pu payer pour avoir un accès privilégié. Il existe même une plateforme alternative à Parcoursup : « Parcours privé ». Le premier critère mis en avant est... la transparence. Comme une réponse aux critiques formulées à l'encontre de Parcoursup, bien maniée, mais au profit... du profit.

Comme pour les écoles privées à but lucratif, il faudra des enquêtes et des centaines de témoignages pour que la puissance publique daigne demander des comptes à ceux qui tirent profit des incertitudes et des inquiétudes des jeunes et des familles.

CHAPITRE 13

Les alternatives

Le tableau est sombre : l'univers entier semble crier qu'il n'y a pas d'alternative – au poids des normes parentales contradictoires ; à la marchandisation de l'éducation ; à la tyrannie de l'orientation... Et finalement à l'insatisfaction et la culpabilisation des individus, qui sont les résultats de tout cela.

Mais une forme de « contre-culture » éducative demeure bien vivante et continue à créer des formes différentes divergentes porteuses d'autres valeurs. Notre histoire et notre présent nous montrent combien l'éducation peut se concevoir autrement et plus collectivement.

Comme avec l'éducation populaire, une autre manière d'apprendre, de se construire, peut exister. Celle-ci est issue des conceptions éducatives nées dans le sillage de la Révolution et de Condorcet – avec l'idée que le citoyen s'éduque à travers l'échange horizontal, la coopération, le faire ensemble. Universités populaires, cercles d'éducation ouvrière, bibliothèques de quartier, colonies de vacances en sont autant d'exemples. L'idée fondatrice était simple et puissante : tout le monde a droit au savoir, non pas pour gravir seul les échelons de la réussite sociale, mais pour comprendre le monde et se sentir légitime à agir dans la société.

La singularité de l'éducation populaire tient à ce qu'elle ne se reconvertit en rien qui puisse se calculer, loin des classements, des notes et des concours. Ici pas de diplôme. Dans ces espaces, idéalement, la compétition n'a pas de place. On n'y vient pas pour être meilleur que les autres, mais pour être avec les autres. On ne vise pas l'excellence individuelle, mais éventuellement le progrès commun. Au cœur de cette démarche, le collectif tient une place centrale. Si l'âge d'or de « l'éduc' pop' » se situe dans des époques plus conservatrices (les années 1950-1960), elle offre une bonne source de réflexion sur ce qu'éduquer veut dire, avec son approche hyper radicale si on la rapporte aux valeurs dominantes dans la *société du concours*. Ces pratiques s'opposent frontalement aux logiques de performance, de classement et de rentabilité qui dominent l'école, le travail, les loisirs eux-mêmes.

Dans la philosophie de l'éducation populaire se déploient des ambitions nobles, mais elle est parfois vidée de sa substance sur le terrain, moulée dans les attentes de consommation de loisir et d'activités extra-scolaires. En effet, les associations doivent proposer des ateliers *clés en main*, des modules exportables, des résultats mesurables car il leur faut répondre à des appels d'offres (ce qui devient un travail en soi) pour être financées. Les associations rentrent en concurrence et en proie à davantage d'instabilité. L'exigence d'évaluation, de rendement, de *traçabilité* des actions transforme les pratiques de terrain. Les animateurs passent plus de temps à remplir des tableaux Excel qu'à construire des dynamiques collectives. Le temps long de la confiance, du tâtonnement, de la politisation progressive ne rentre pas dans les cadres. Il y a là une tension vive entre l'éthique de l'éducation populaire et les logiques de gestion. Beaucoup de structures le vivent douloureusement. Certaines résistent, d'autres s'adaptent, quelques-unes se replient ou disparaissent.

Il y a beaucoup à faire, mais nous pourrions partir de ceci : penser les cadres collectifs d'apprentissage comme des espaces où les règles existent pour soutenir un « vivre et faire ensemble » au service des apprentissages et non pour répondre à des objectifs d'évaluation individuels. Et surtout : s'en donner les moyens avec un encadrement de qualité.

« Et ils ont eu combien, les autres ? » :

Du côté de l'école, des initiatives ne cessent de voir le jour, portées par des collectifs d'enseignants et de personnel de direction. Les collèges sans notes suscitent un intérêt fluctuant dans le paysage éducatif français depuis les années 2010. Inspirés par des modèles pédagogiques alternatifs, ces établissements remplacent les notes chiffrées par des appréciations détaillées, des codes couleurs, ou des grilles de compétences. L'objectif : valoriser les progrès, limiter le stress et encourager un rapport plus apaisé à la scolarité.

Au collège Clisthène, à Bordeaux – l'un des pionniers en la matière – les élèves ne reçoivent aucune note jusqu'en classe de troisième. Et voici comment le collège Germaine Tillon dans l'académie de Rennes présente l'intérêt d'arrêter les notes :

> « Moins d'angoisse, moins d'esprit de compétition et donc un climat plus favorable aux travaux coopératifs. Pas de classement, pas de "publicité" des résultats, qui favorisent l'esprit de compétition dans son sens très négatif, mais un système d'évaluation qui indique les progressions et ce qu'il reste à apprendre[91]. »

91. Voir leur site internet.

Il s'agit d'aider l'élève à se projeter, et à comprendre là où il doit progresser. Les élèves sont disposés à regarder le détail de ce qu'ils ont réussi ou raté. Les établissements prennent également du temps pour informer les familles et leur permettre de comprendre où se situent les réussites et les difficultés de leurs enfants. C'est un modèle qui propose de séparer l'évaluation des apprentissages disciplinaires et ce qui concerne la posture de l'élève dans la classe, au travers des items tels que l'autonomie, l'investissement et le respect des règles, qui sont transversaux à toutes les disciplines et essentiels à la réussite au collège.

L'ensemble du dispositif vise à réduire la pression, pour un climat scolaire apaisé. C'est un beau programme. Mais pas si facile à appliquer, car il est difficile de vivre sans notes – tant elles sont perçues comme un outil précieux et un repère lisible avec lequel on a toujours vécu. Les notes rassurent même les mauvais élèves. S'en passer constitue une véritable transformation de la manière de travailler, nécessitant de la coordination, de la formation pour mener à bien cette transition. Et quoi qu'il en soit, le système scolaire reste très axé sur les notes, notamment pour l'entrée au lycée, Parcoursup et les concours. Vous commencez à le savoir...

Quel est le sens d'un collège sans note au milieu d'un océan d'évaluations ? Mirage ou oasis ? Difficile à dire. Il s'agit dans tous les cas de penser le système éducatif comme un ensemble. Des mesures et des changements localisés ne seront pas structurellement efficaces.

Des microcollèges et microlycées

Le décrochage est une catastrophe pour les individus, mais aussi pour la société, car les jeunes non scolarisés et sans emploi – les « neet », ni en emploi, ni en étude, ni en formation[92] – ont en France moins de perspective d'insertion professionnelle que dans les autres pays d'Europe. Ils représentaient environ 13 % des jeunes en 2021 selon l'Insee[93]. Le flou dans les perspectives et la précarité professionnelle à long terme entraînent aussi des conséquences sur le moral des jeunes et de la population.

Certain·es envisagent un péjoratif retour « en arrière ». Les structures de retour à l'école (SRE) sont une soixantaine en France pour 6 980 collèges ; 3 700 lycées ont été créés pour lutter contre le décrochage scolaire. Une autre manière de faire école s'y invente, en marge.

Les microlycées et microcollèges sont donc des structures innovantes, pensées pour raccrocher des élèves à la peine avec le système scolaire *traditionnel.* Ils accueillent des jeunes qui ont décroché depuis plusieurs mois voire plusieurs années, en leur proposant un cadre scolaire repensé : plus petit, c'est le sens de *micro* (par exemple pour l'année scolaire 2024-2025, le microlycée de Paris accueille 55 élèves en classe de première et en terminale générales). Il existe des structures privées du même acabit, qui cherchent à raccrocher les élèves, comme les « collèges de la réussite » gérés par les Apprentis d'Auteuil.

---

92. « Not in education, employment or training ».

93. Junel Bernard, « Les jeunes ni en emploi, ni en études, ni en formation : jusqu'à 21 ans, moins nombreux parmi les femmes que parmi les hommes », Insee, 26 mars 2021.

Le suivi plus individualisé établit une relation avec les enseignants (dans les lycées généraux, les classes comptent facilement 35 élèves), avec une véritable attention portée à chacun. L'approche pédagogique y est souple, souvent fondée sur la bienveillance – au cours d'un reportage, on m'avait expliqué que les élèves pouvaient arriver en retard. Il vaut mieux arriver en retard que de ne pas venir du tout – c'est ça, *raccrocher* : la valorisation des progrès plutôt que la sanction par l'échec.

Au microlycée de Sénart, par exemple, les élèves peuvent passer le Bac en un, deux ou trois ans selon leur rythme. « L'année scolaire se divise en 5 périodes, entre chaque temps de vacances, avec un bilan qualitatif à la fin de chaque période » indique le site de l'établissement. Les adolescents avancent à leur rythme et peuvent redoubler pour mieux se préparer à la suivante. Cette gêne sociale à redoubler peut-elle s'effacer ? L'ambiance est dans tous les cas au soutien et à l'encouragement. Les élèves participent aux conseils de classe, ils sont écoutés dans ce qui s'appelle l'assemblée du « je dis » qui, se déroule le jeudi avec des temps individuels. L'établissement dispose de locaux et d'un jardin partagés entretenus par les élèves et les enseignants, ensemble.

Alors que les lycéens sont élèves dans de grandes classes remélangées au gré des spécialités, dans des établissements anonymes où chaque note compte pour Parcoursup, les élèves de microlycées mènent des projets culturels, participent à des ateliers d'estime de soi. Est-ce le rôle de l'éducation nationale ? Il serait opportun d'en discuter à l'heure où le mal-être adolescent explose, non ? Les microcollèges, créés plus récemment, s'inspirent de cette philosophie pour des élèves plus jeunes, souvent dès la cinquième ou la quatrième. Là aussi, un travail sur le climat et le temps scolaire ainsi que des pédagogies plus valorisantes sont menés.

Ces alternatives existent pour répondre à des besoins d'élèves particuliers, éloignées de l'école pour des raisons variées (harcèlement, phobie scolaire...), et à qui, donc, l'école s'adapte – pour leur offrir une seconde chance, pour revenir dans le système. Néanmoins, ils interrogent les normes scolaires en place ailleurs et nous posent de bonnes questions. Je ne pense pas que la majorité des parents et des professeurs soient prêts pour une école aussi différente... Pourtant, au lieu de donner une *seconde chance* à des élèves perçus comme *inadaptés*, on devrait s'interroger sur des manières d'organiser l'école afin d'éviter le décrochage et de susciter davantage d'adhésions chez les élèves, dont tellement s'ennuient en silence. Par exemple, faire en sorte qu'ils et elles soient heureux d'apprendre... qu'ils et elles accrochent.

Les Indicateurs de Valeurs Ajoutées

On peut aussi imaginer d'autres manières d'évaluer : non pas les élèves mais les établissements. Ou faire un peu de pédagogie auprès des parents : un lycée qui obtient 100 % de réussite au bac et des mentions à la pelle est peut-être un établissement qui sélectionne, pressurise et exclut des élèves. Pas forcément le meilleur pour son enfant !

C'est un peu l'idée qui a sous-tendu la création des IVAL et IVAC (pour indicateur de valeur ajoutée des lycées et des collèges), dont on a parlé ailleurs[94]. Un indicateur du ministère

94. Voir le chapitre sur les écoles privées ; Voir aussi Louise Tourret, *En finir avec les idées fausses sur l'école*, Ivry-sur-Seine, Éditions de l'Atelier, 2024.

de l'Éducation nationale, qui ne tient pas seulement compte des notes et des mentions aux examens. La composition sociale de l'établissement, par exemple, est prise en considération. Il s'agit plus d'évaluer l'action de chaque lycée et collège pour faire réussir les élèves qu'ils accueillent (la valeur ajoutée correspond à la différence entre les résultats obtenus et les résultats qui étaient attendus, compte tenu des caractéristiques scolaires et socio-démographiques des élèves accueillis[95]). Dans le même temps, il faut reconnaître que le principe d'établir des classements dans un système où les familles sont censées respecter la carte scolaire reste problématique. Et même l'idée de comparer les établissements les uns aux autres.

Un autre enseignement supérieur

Comme dans le secondaire avec les initiatives citées plus haut, des structures du supérieur axées sur la réorientation repensent la manière de mener ses études. Une structure en particulier, le Diplôme d'Université PaRéO (Passeport pour Réussir et s'Orienter). Une sorte de classe de transitions inventée en 2015 pour les étudiants et étudiantes qui n'ont pas trouvé leur voie.

Cela rappelle un peu la propédeutique. C'était entre 1950 et 1966 : une année obligatoire entre le baccalauréat et l'entrée à l'université. Elle préparait les bacheliers à l'enseignement supérieur. On employait alors l'expression « faire sa propédeutique » et il fallait la réussir pour poursuivre ses études à l'université – d'ailleurs, on pouvait la redoubler. Le programme était pluridisciplinaire. En janvier 2025, François Bayrou (qui fut ministre

95. Indicateurs de valeur ajoutée des lycées d'enseignement général et technologique (ancien) sur Data.gouv.fr.

de l'Éducation, aussi) propose de réexaminer la pertinence de remettre en place une année de transition sur ce modèle. Sacré aveu d'échec pour le modèle « Bac - 3/Bac + 3 » pour lequel on a complètement réformé le lycée ! Mais revenons au diplôme universitaire PaRéO (formation à bac + 1) qui offre aux bacheliers qui hésitent entre différentes formations une année pour réfléchir, mûrir et affiner leur projet d'études, voire leur projet professionnel.

Il s'agit de mûrir son projet d'orientation avant de s'engager dans une licence, une année de transition, encadrée et structurée, pour éviter le décrochage précoce et favoriser une orientation éclairée.

La formation permet d'explorer plusieurs champs disciplinaires, de participer à des ateliers de méthodologie, d'orientation avec des stages ou des immersions dans diverses formations. L'idée, c'est la remobilisation, la reprise de confiance, ce qui implique d'autres postures de la part des enseignants. La presse se fait l'écho de témoignages d'étudiants qui y trouvent leur compte[96] ou non[97]. Pour *Le Figaro*, les finalités sont trop floues et les enseignements trop dispersés. Mais dans les articles plus positifs, certains découvrent leur voix et passent d'un projet pour exercer une profession médicale à l'idée de devenir professeur des écoles.

Ainsi, le DU PaRéO représente une alternative pour ne pas foncer tête baissée dans des cursus dont on n'a pas tellement

96. Claire Ané, « PaRéO, le diplôme qui aide à trouver sa voie vers les études supérieures », *Le Monde*, 24 octobre 2017.

97. Emma Ferrand, « Paréo : la fausse bonne idée de l'université Paris-Descartes pour remettre à niveau les étudiants », *Le Figaro Étudiant*, 27 août 2020.

compris en quoi ils allaient consister. L'occasion de mettre un coup de frein à son parcours pour repartir d'un autre pied. L'occasion aussi de casser le rythme imposé. Peut-être en faudrait-il plus. Peut-être faudrait-il admettre que la vie est faite de réorientations et qu'on ne met pas des enfants au monde pour qu'ils remplissent des cases, et encore moins le plus vite possible.

D'autres filières sélectives ne fonctionnent pas sur un principe si différent – les classes préparatoires littéraires servent principalement à ne pas se spécialiser trop vite après le bac, les nouvelles classes CPES (Cycle pluridisciplinaire d'études supérieures) prennent place dans des lycées prestigieux pour « valoriser la diversité des parcours ».

CHAPITRE 14

Il est beau de rêver

Je ne perds jamais une occasion de citer l'incroyable livre de William Finnegan, *Jours barbares*. Il y est largement question de l'éducation de l'auteur, qui deviendra journaliste, globe-trotteur et dont la passion du surf va accompagner toutes les étapes de sa vie. Quand il était enfant, sa famille déménage de la Californie à Hawaï. Nous sommes dans les années 1960 et le garçon, d'une dizaine d'années, observe avec fascination les surfeurs locaux. À l'époque, ce ne sont pas encore les champions médiatisés d'aujourd'hui, mais des gars du coin habités par une grâce téméraire, défiant les vagues de l'océan Pacifique.

Déterminé à dompter les vagues et à se faire accepter, le jeune Finnegan s'entraîne seul, avec du mauvais matériel, en imitant les autres, en galérant, en recommençant... jusqu'à devenir un bon surfeur. Un acharnement porté par une curiosité tenace, une quête de liberté, loin de toute logique de performance ou de compétition. Juste le goût de l'expérience, du dépassement de soi dans l'élément mouvant de la mer.

Extrascolaire à plein temps

J'ai adoré *Jours barbares*. Le surf me laisse indifférente, mais le texte de Finnegan est une ode à la liberté ou, plus exactement, au désir de liberté. Une liberté qui se conquiert, qui se mérite, presque. Et en même temps, l'auteur nous dresse un immense plaidoyer pour la persévérance. Celle-là même qu'on réclame sans cesse aux enfants pour leurs devoirs, leurs activités. Ils en sont parfaitement capables... dès lors qu'ils sont intéressés. C'est cette persévérance qui les fait apprendre à marcher, à faire du vélo, à réussir un *kick flip* en skate, à jongler.

Autre temps, autre plage, je filme ma progéniture : je possède des dizaines de vidéos de ma numéro 3 debout de profil sur sa planche, domptant une vaguelette sous un ciel nuageux, accompagnée de mes exclamations enthousiastes. Et pourtant, je m'interroge : quel est l'intérêt d'apprendre le surf à quatre ans ? Pourquoi cette frénésie de cours pour tout, tout le temps, à tous les âges ? Cela peut consister à faire faire de la gym aux bébés, puis occuper les enfants à plusieurs activités par semaine. De la musique, des langues étrangères, du cirque... Ajouter vos propres exemples, vous en avez sûrement. Pratiquiez-vous autant d'activités quand vous étiez petit ?

Combien de temps, d'énergie, d'argent, pour des activités qu'on abandonnera peut-être dans six mois ? Dont on oubliera probablement tout. « Quelle est leur valeur pédagogique ? », me dis-je en me remémorant une année de cours de flûte traversière qui n'a laissé aucune trace. Quelle différence entre les enfants ? C'est un phénomène que les spécialistes de l'enfance commentent abondamment et qui les inquiète.

Dis-moi ce que fait ton enfant, je te dirai qui tu es

Car on assiste à une véritable inflation des activités périscolaires. Un mouvement vers plus d'activités, plus tôt, pour plus d'enfants, dans un secteur en pleine expansion, porté par une multitude d'associations, d'intervenants spécialisés, de structures privées, publiques (mais parfois sélectives comme les conservatoires). Un marché donc, avec tout ce que cela implique en termes d'inégalités d'accès : informations, pédagogies, et tarifs.

J'interroge la pédiatre que nous consultons depuis seize ans : « Oui, c'est trop ! » Elle confirme que certains enfants, dès la maternelle, ont trois activités par semaine, parfois longues de plusieurs heures. Elle est catégorique : les enfants n'ont pas besoin d'en faire autant. La chronobiologiste Claire Leconte[98] l'affirme aussi : deux activités par semaine, pas plus. Et encore, il faudrait que ces activités soient demandées par les enfants eux-mêmes, qu'elles aient du sens pour eux.

Mais les marchés ont vocation à se développer, à former des niches et à trouver de nouveaux clients. Parce que les activités extrascolaires sont un espace de distinction sociale.
Dis-moi ce que fait ton enfant, je te dirai qui tu es. L'équitation, le tennis : pas très populaires. Le foot, est déjà plus accessible et mixte socialement, au moins jusqu'à la préadolescence, mais encore genré. Combien de garçons en danse classique ? Combien de filles au rugby ? Même si la société progresse, ces choix restent encore souvent chargés de stéréotypes. Les parents, la société, projettent sur les enfants une idée de ce qu'on veut qu'ils soient. Pas forcément danseuse, mais *gracieuse*. Pas musicien professionnel, mais *cultivé*.

Et cette distinction coûte cher. Qui peut se permettre de dépenser plusieurs centaines d'euros par an et par enfant ? Des instruments, des équipements, des stages, du temps parental...

---

98. Entretien avec Claire Leconte, « Pourquoi votre enfant ne devrait pas faire plus de deux activités extrascolaires cette année », *Ouest France*, 23 septembre 2023. Propos recueillis par Clémentine Maligorne.

Et quand le prix des activités n'est pas proportionnel au quotient familial, on creuse les écarts. Selon l'Insee[99], faire pratiquer une activité encadrée en club « paraît plutôt découler des attentes éducatives propres aux parents diplômés et financièrement à l'aise ». Une famille a fort capital social (ou culturel) va donner à son enfant l'accès à une palette d'expériences qu'un autre n'aura jamais.

De plus, ces expériences sont convertibles dans l'espace scolaire. Pratiquer un instrument est bénéfique, à classe sociale égale, et apporterait un avantage. Et puis on pourra ajouter une ligne dans cette petite biographie qu'on vous demande, par exemple, dans les lettres Parcoursup ou les oraux d'admission : c'est sympa de dire que ça fait dix ans que vous pratiquez le piano, que vous avez votre troisième galop ou que vous avez fait les championnats de France de volley. Comme si pratiquer un sport était devenu nécessaire pour intégrer une école d'ingénieur. Et puis franchement, les « non-sportifs », les « non-artistes » ne sont pas « non doués » ou moins intéressants !

Mais au-delà de l'ambition de se faire un petit CV, pourquoi ce besoin d'occuper chaque instant ou temps libre de nos enfants ? Je me demande s'il ne s'agit pas d'une manière de (les) contrôler. De cadrer. De savoir où est l'enfant, ce qu'il fait, avec qui. On y consacre des moyens. On le suit, on l'accompagne, on le regarde grandir, mais on remplit aussi son temps. On organise, on planifie... jusqu'à faire disparaître un truc assez précieux : le temps libre.

99. Insee, « À trois ans et demi, les enfants d'origine modeste utilisent moins les dispositifs péri et surtout extrascolaires », France, Portrait social, 2020.

Éloge du temps libre...

... Pourtant, les pédopsys le plébiscitent. Quand ils parlent d'ennui, il ne s'agit pas de moment vide mais de pouvoir jouer à leur guise. C'est un *besoin fondamental* des enfants, comme l'explique très bien Sophie Marinopoulos dans ce très beau livre, *Les Trésors de l'ennui,* pour l'association belge Yapaka. Cet ennui est un luxe. Un temps à soi et à défendre. Un espace mental qui engage une disposition intérieure. « C'est faire comprendre à l'enfant qu'il peut tout sans avoir rien », me disait Élisabeth Brami dans une interview. Cette phrase m'a marquée.

Aujourd'hui, dans certaines familles, on blinde l'emploi du temps des enfants comme s'ils étaient déjà des mini employés du mois (ou du *moi*). On les trimbale, on les programme. Et on oublie peut-être l'essentiel : les laisser libres. Cette injonction d'efficacité pousse les parents à « crée[r] des enfants qui ne savent plus s'occuper par eux-mêmes, qui deviennent complètement sujets de leurs parents, qui leur dictent "il faut que tu ailles là, là et là". Or s'ennuyer c'est très bien. Cela laisse du temps pour la créativité » explique Claire Leconte[100].

... et en famille

Autre conséquence : ces agendas surchargés grignotent le temps en famille. Passer sa vie à gérer des transports, des horaires, des impératifs alourdit considérablement la charge mentale, celles des mères en particulier. Le quotidien devient une course, au détriment des moments gratuits, spontanés, un peu « bordéliques » mais réellement précieux. Ces temps de *rien*,

100. Entretien avec Claire Leconte, *op, cit.*

où on joue aux cartes, où on cuisine, où on lit, et on ne fait rien de spécial à part être ensemble. Ces temps où on parvient à – si tant est qu'on le puisse ? – lâcher les écrans et les préoccupations. Au fond, je crois que c'est précisément ce qu'on peut trouver dans la pratique du surf.

Pourquoi fait-on tout cela ? Parce qu'on a peur. Peur de passer à côté d'un talent. Peur de rater quelque chose. Comme une FOMO parental : *fear of missing out* (« peur de rater quelque chose »). Et si mon enfant était un génie de la batterie ? Et si ce petit trait de crayon cachait un futur illustrateur de génie ? Alors on tente, on explore, on multiplie les expériences. Afin d'être certain de *développer son potentiel* (en oubliant que rien n'existe sans motivation intrinsèque, et qu'il faut aussi développer, et réussir à cultiver).

Il nous faut des lieux pour ne rien faire de spécial ensemble, des parcs, des places, des salles. Pour les enfants, les familles, les ados. C'est d'ailleurs ce que ces derniers nous disent en occupant les espaces creux des villes et des villages, les centres commerciaux. Être ensemble, gratuitement. Ces espaces se sont réduits. Aujourd'hui, on parle d'« enfants d'intérieur », en déplorant le temps passé sur les écrans. Mais propose-t-on une alternative ? Selon les enseignants, les espaces collectifs se réduisent au sein des collèges et des lycées. Perdre son temps n'est pas un idéal mais une vie sans temps à perdre serait fade comme du pain sans sel.

Reprenons le temps. Reconquérons les plages de liberté, loin du monde marchand, en posant les écrans. Laissons nos enfants faire. Jouer. Regarder les nuages. Construire des cabanes sous la table du salon. Se déguiser. Apprendre à faire la roue. Tomber. Recommencer. Ce n'est pas ne rien faire, c'est vivre. Un super projet éducatif.

Conclusion

L'éducation est un fait collectif. Non seulement à travers les institutions qui accueillent et scolarisent les enfants, mais aussi parce que chaque époque véhicule ses propres visions de l'enfance, de ce qui doit composer le programme des âges de la vie. Nous sommes tous les produits de notre temps, bien au-delà des coupes de cheveux, des vêtements ou des dessins animés : cela touche la manière dont nous nous parlons, dont nous nous percevons nous-mêmes, en tant que personnes et en tant que parents. Et même si l'individualisme ambiant nous pousse à croire que nous sommes totalement libres, une grande partie de nos choix s'avère contingente.

En 1980, dans *L'Art d'accommoder les bébés*, la psychanalyste Geneviève Delaisi de Parseval et l'ethnologue Suzanne Lallemand interrogeaient les instructions données aux mères. Elles y débusquaient l'idéologie paternaliste et les stéréotypes sur les femmes que dissimulent les conseils de maternage. Dans la réédition des années 1990, elles se penchaient sur la figure du parent-consommateur, sommé d'être *éclairé*. Il en va de même avec la parentalité aujourd'hui : le sujet est saturé d'idéologies et d'incitations à consommer. Il faudrait toujours se demander qui nous dit quoi, et dans quel intérêt ! Pourtant, nous nous sentons souvent seuls et sous pression face aux enjeux éducatifs.

L'émergence du mot *parentalité* a ajouté une couche d'individualisme à la famille nucléaire : nous serions des *acteurs* de notre parentalité, libres d'en dessiner les contours... Les institutions parlent de « parent isolé » pour désigner les mères célibataires, mais combien de mères isolées en couple ? Combien de parents isolés, tout court, qui essaient de faire au mieux en croyant que chacun de leurs choix sera crucial ?

C'est précisément le sujet de ce livre : comprendre cette mécanique et ce qu'elle produit, au-delà des angoisses parentales. Car elle est le reflet d'un système social et économique, d'une morale individualiste typique de l'ère néolibérale. Les parents et leurs enfants deviennent des consommateurs d'une éducation perçue comme un gisement économique par des acteurs toujours plus nombreux – entrepreneurs, fonds d'investissement, responsables politiques. L'éducation elle-même se transforme en une marchandise, c'est un tournant décisif.

Penser l'éducation comme un fait politique revient à accepter de réfléchir collectivement à nos responsabilités, à nos doutes, à nos peurs de l'avenir. C'est aussi la penser comme un fait économique : un marché – celui des écoles, de l'enseignement supérieur, des loisirs, de l'attention. Ce marché, dont j'ai voulu décrire quelques aspects dans ce livre, reflète les mutations d'un capitalisme qui encourage chacun à se vivre comme un consommateur, mais surtout comme un acteur qui devrait faire ses choix selon son seul intérêt.

Organiser l'éducation comme une compétition relève de l'idéologie. Cette compétition ne s'adoucit pas avec l'élévation du niveau d'études moyen ; elle devient au contraire plus âpre : c'est la lutte des places. D'où ce glissement vers une orientation scolaire présentée comme décisive, au point qu'une Première ministre a pu déclarer qu'il faudrait y penser dès la maternelle. Drôle ? Oui, et pourtant révélateur : c'est à l'individu de savoir, le plus tôt possible, dans quelle case il sera rangé, et il portera seul la responsabilité de son orientation. L'orientation devient une compétence.

Ce qui est politique, c'est aussi le fait que tous les parents n'ont pas la même capacité – ni même une capacité égale – à s'occuper de leurs enfants. La société française ne s'est pas organisée pour offrir du temps aux parents, comme c'est le cas dans les pays nordiques. Notre modèle, prétendument « familialiste », repose sur la double journée des mères. Et notre système éducatif, soi-disant méritocratique, reproduit voire amplifie les inégalités sociales. Les mieux dotés eux-mêmes ne sont pas sereins : la scolarité se termine trop souvent dans l'angoisse du psychodrame Parcoursup.

Tout au long de ce parcours, on peut acheter des services éducatifs, payer des écoles qui promettent la réussite. Et si, malgré cela, on est déçu, c'est qu'on n'a pas fait les bons choix...

Dans ce livre, vous l'aurez lu, j'écris à la première personne. Il y a de moi dans ces réflexions sur cette question à la fois profondément intime et hautement politique : élever des enfants. Je n'ai pas voulu l'évacuer ! Je travaille sur l'éducation depuis la naissance de mon cadet, en 2009. Éduquer trois enfants, réfléchir aux questions que se posent les parents et le monde éducatif, cela place dans une position singulière pour penser ce qui attend ceux qui viennent après nous. Je ne cesse de m'interroger sur ma propre posture de parent, la distance entre mes aspirations et mes possibilités. Je me demande si je fais assez bien, si mes enfants trouveront leur voie (surtout après avoir traversé les affres de Parcoursup). Mais analyser le devenir de l'éducation et les évolutions de la parentalité tout en les vivant ou en les observant incite aussi à prendre du recul : mes enfants, ceux que je connais, ne sont pas représentatifs.

Ce travail de réflexion est constant. Au fil de la préparation des émissions que je produis sur France Culture, des interviews, des lectures, mais aussi des rencontres informelles, les tensions de l'époque s'éclairent et la réflexion s'enrichit. Ce travail documentaire de tous les jours nourrit ce livre, de façon plus ou moins visible : à travers les auteurs cités, les articles de presse ou les publications scientifiques, que vous retrouverez dans les notes et la bibliographie. Mais il est peut-être aussi présent de manière plus subliminale, dans le texte même.

J'ai choisi de ne pas mettre trop en avant certaines ressources qui ont largement inspiré ces pages : je ne compte plus les livres intitulés « Le meilleur pour MON enfant », les articles creux, les influenceuses aux méthodes miraculeuses, les écoles à mille euros par mois. Ils labourent l'inquiétude des parents pour en extraire du désarroi et du consentement à payer. Comme le relève la sociologue Agnès van Zanten, des parents toujours plus nombreux préfèrent changer d'école que changer l'école.

Pourtant, cette stratégie ne paie pas vraiment, ni individuellement ni collectivement. Le niveau de l'école française baisse, elle souffre d'un manque chronique de moyens et de considération, sur lequel les acteurs de terrain alertent depuis des années. Les enfants, eux, ne vont pas bien : cette parentalité inquiète produit des enfants inquiets. Ils n'ont jamais été aussi mal, comme le montre le nombre croissant de demandes de consultations auprès de psychologues et pédopsychiatres.

Enfin, alors que le monde s'embrase – littéralement, notre maison brûle –, les familles restent les yeux rivés sur les notes, comme si celles-ci pouvaient résumer à elles seules l'avenir de leurs enfants. Je rêve d'une forme de légèreté, d'un droit à la paresse et à la fantaisie – pour les parents aussi – qui aident autant à grandir que tous les cours considérés comme *fondamentaux*. Mieux : ils constituent le terreau qui permet aux enfants de mieux pousser. Ils les renforce.

Et il faut redire que c'est bien de politiques publiques dont nous avons besoin : politiques de la famille et du temps de travail, politique de la petite enfance, aménagement urbain, soutien à l'éducation populaire. Politique éducative : avec des moyens conséquents à l'école et à l'université. Et dans les moyens, je compte, en plus de l'argent, le temps et la considération à accorder à tous les éducateurs et éducatrices (professeurs de tous les niveaux, animateurs, assistants pédagogiques, assistantes sociales). Une éducation affirmée comme un droit, jamais un produit. Un droit que nous devons à tous les enfants. C'est pourquoi nous devrions collectivement nous engager pour l'éducation, dans des associations, des syndicats, en politique. En donnant de la voix. En tendant les micros pour ma part. Et en s'écoutant les uns (les unes) les autres afin d'améliorer ce qui doit l'être pour toutes et tous. Et pour ces dernières lignes, mon souhait serait que l'éducation du XXIe siècle porte une ambition de progrès, d'égalité et de joie pour toutes et tous.

Bibliographie

Moins qu'une bibliographie, vous trouverez ci-dessous une liste d'ouvrages que je vous conseille de lire pour prolonger votre réflexion sur l'éducation d'aujourd'hui. Ils ont alimenté ma réflexion pour ce livre (et au-delà !) – elle n'est pas exhaustive, comme toutes les listes !

ALLOUCH Annabelle, ESPAGNO ABADIE Delphine, *Contester Parcoursup. Sociologie d'une plainte*, Paris, Presses de Sciences Po, 2024.

BRETONNIER Lucas, *L'École du gotha. Enquête sur l'Alsacienne*, Paris, Le Seuil, 2021.

CASTANNET Victor, *Les Ogres*, Paris, Flammarion, 2024.

DUBET François, DURU-BELLAT Marie, *L'Emprise scolaire. Quand trop d'école tue l'éducation*, Paris, Presses de Sciences Po, 2024.

GASTALDI Daphné, PÉRISSE Mathieu, *Le Prix du berceau. Ce que la privatisation des crèches fait aux enfants*, Paris, Le Seuil, 2023.

ILLOUZ Eva, CABANAS Edgar, *Happycratie : Comment l'industrie du bonheur a pris le contrôle de nos vies*, Paris, Premier Parallèle, 2018.

ILLOUZ Eva, *Les Marchandises émotionnelles. L'authenticité au temps du capitalisme* (trad. de l'anglais par Frédéric Joly), Paris, Premier Parallèle, 2019.

LAHIRE Bernard (dir.), *Enfances de classe. De l'inégalité parmi les enfants*, Paris, Le Seuil, 2019.

Lepetit Bérangère, Marnette Elsa, *Babyzness. Crèches privées : l'enquête inédite*, Paris, Robert Laffont, 2023.

Marchal Claire, *Le Cube. Révélations sur les dérives de l'enseignement supérieur privé,* Paris, Flammarion, 2025.

Martin Claude (dir.), *Être un bon parent : Une injonction contemporaine,* Rennes, Presses de l'EHESP, 2014.

Neyrand Gérard, *Critique de la pensée positive. Heureux à tout prix ?*, Toulouse, Érès, 2024.

Parienty Arnaud, *School business. Comment l'argent dynamite le système éducatif*, Paris, La Découverte, 2015.

Senik Claudia (dir.), *Enfanter. Natalité, démographie et politiques publiques*, Paris, La Découverte, 2025.

Vanderbroeck Michel, *Être parent dans notre monde néolibéral. Plaidoyer pour de nouvelles responsabilités éducatives*, Toulouse, Érès, coll. « 1001BB », 2024.

Van Zanten Agnès, Felouzis Georges, M Christian, *Les Marchés scolaires. Sociologie d'une politique publique d'éducation*, Paris, PuF, 2013.

Et, côtés romans et non-fictions, je vous propose quelques lectures qui m'ont inspirée en écrivant ce livre et au-delà.

Abbott Alysia, *Fairyland*, Paris, Christian Bourgois, 2024. L'autrice raconte son enfance et une éducation alternative par un père homosexuel poète et militant à San Francisco dans les années 1970-1980.

Beauvoir Simone de, *Mémoires d'une jeune fille rangée*, Paris, Gallimard, 1958 – que j'ai lu à l'adolescence et dont le début m'a parfois réconfortée face à des colères : « Je hurlais si fort, pendant si longtemps qu'au Luxembourg on me prit quelquefois pour une enfant martyre. “Pauvre petite !” dit une dame en me tendant un bonbon. Je le remerciais d'un coup de pied ». En parlant de sa petite enfance au début du livre, la philosophe nous raconte un âge où l'on réfléchit et se révolte qui nous rappelle l'enfant qu'on a été et nous engage à considérer ceux qui nous entourent comme des êtres pensants.

FINNEGAN William, *Jours barbares*, Paris, Éditions du sous-sol, 2015. Une passion, en l'occurrence le surf, pour s'ouvrir au monde et s'éduquer.

FRANZEN Jonathan, *Les Corrections*, Paris, Éditions de l'Olivier, 2002. Peut-on faire mieux que ses parents ? Une question que je me pose souvent !

HILL Nathan, *Bien-être*, Paris, Gallimard, coll. « Du monde entier », 2024. Quand chercher à nous améliorer conduit à adhérer à des récits de soi et du monde qui nous séparent les uns des autres. Romanesque et stimulant !

Remerciements

À la fin de son recueil de nouvelles, *Le Prix de la vengeance*, l'auteur du polars Don Winslow remercie ses professeurs et un peu tous les services publics américains, estimant qu'il n'aurait pu écrire sans ce soutien intellectuel mais aussi matériel. C'est vrai, que serait-on sans tous nos services publics ? Je suis aussi particulièrement reconnaissante envers les enseignant·es de mes enfants, certain·es se reconnaîtront.

Ce texte est nourri de l'intense expérience partagée avec N, M et Nn. Nous grandissons ensemble, les enfants. J'adresse aussi des remerciements spéciaux à mes ami·es parents, toutes nos conversations ont bien alimenté ma réflexion. Si nous ne sommes pas toujours d'accord, on se soutient et c'est le principal - Charlotte, Avril, Mahir, Aude, Juliette et tous les autres, nos liens, c'est ce qu'on a de mieux dans la vie

Merci à mes parents qui m'ont tant appris.

Merci aux radios du service public qui ont tant contribué à mon éducation !

Je veux témoigner ici de mon immense gratitude envers mon éditrice Gaëlle Bidan pour son infinie patience et ses encouragements qui valent tous les psys. Mais merci aussi à mon psy ! Dr W., on se voit peu mais c'est décisif.

Merci à Matthieu Silberreiss d'avoir plongé dans le bazar de certains paragraphes de ce texte.

J'adresse mon infinie reconnaissance à tous les chercheurs et professeurs cités dans le texte et à tous ceux qui ont pris le temps de me parler toute l'année, toutes ces années. Heureusement que vous êtes là pour éclairer le débat. La société gagnerait à vous écouter davantage. Merci plus spécialement à Mathis d'Aquino qui a pris le temps de m'expliquer des points précis sur le supérieur à but lucratif entre autre.

Enfin, je voudrais ajouter une note encore plus personnelle : écrire et plus généralement travailler et s'occuper des autres (ma famille, mes enfants, notre maison) représente une large partie de mon quotidien. Ça ne m'empêche pas de réfléchir. Ce livre a été pensé tout en vidant des lave-vaisselles, en faisant tourner des machines, après avoir accompagné une enfant à l'école et avant d'y retourner, dans le métro, sur mon vélo, en me couchant trop tard, seule dans la nuit ; dans la culpabilité de ne jamais en faire assez et dans la joie de réussir quelques trucs.

PS : Muito obrigada à mes amis de l'hémisphère sud, Helmut et Laura pour m'avoir accompagnée dans la toute dernière ligne droite !

Table des matières

éditer c'est s'engager

Les Éditions de l'Atelier,
anciennement Éditions ouvrières,
sont une maison d'édition indépendante
créée en 1929.
Depuis près d'un siècle, elles poursuivent
leur engagement humaniste
dans toutes leurs publications.

Pour recevoir notre lettre d'information,
abonnez-vous directement sur le site :
www.editionsatelier.com

Gaëlle Bidan, Matthieu Silberreiss et Mélanie Stoll ont participé
à l'élaboration de ce livre.
Sa couverture a été conçue par Aurélie Streiff
et son intérieur mis en page par Le vent se lève…

Il a été fabriqué et imprimé en France,
chez Corlet imprimeur (14110 Condé-sur-Noireau).

Ses papiers (Arena Smooth White 300 g
& Clairbook 18 blancheur 117 80 g)
sont respectivement certifiés FSC et PEFC
et son impression est labellisée Imprim'vert.

N° de fabrication : 7193
Dépôt légal : septembre 2025